[Wissen für die Praxis]

Weiterführend empfehlen wir:

Geistiges Eigentum
ISBN 978-3-8029-4210-5

Arbeitsrecht
ISBN 978-3-8029-4205-1

Praxis-Handbuch Compliance
ISBN 978-3-8029-3456-8

HGB, GmbHG, AktG, Wirtschaftsgesetze kompakt 2017
ISBN 978-3-8029-2053-0

Wir freuen uns über Ihr Interesse an diesem Buch. Gerne stellen wir Ihnen zusätzliche Informationen zu diesem Programmsegment zur Verfügung.

Bitte sprechen Sie uns an:

E-Mail: WALHALLA@WALHALLA.de
http://www.WALHALLA.de

Walhalla Fachverlag · Haus an der Eisernen Brücke · 93042 Regensburg
Telefon 0941 5684-0 · Telefax 0941 5684-111

Peter Lutz (Hg.)

PRODUKTPIRATERIE

Effektive Maßnahmen gegen Plagiate, Ideenklau und Nachahmungen

2., neu bearbeitete Auflage

WALHALLA

Bibliografische Information der Deutschen Nationalbibliothek
Die Deutsche Nationalbibliothek verzeichnet diese Publikation in der Deutschen Nationalbibliografie; detaillierte bibliografische Daten sind im Internet über http://dnb.dnb.de abrufbar.

Zitiervorschlag:
Peter Lutz (Hg.), Produktpiraterie
Walhalla Fachverlag, Regensburg 2017

Hinweis: Unsere Werke sind stets bemüht, Sie nach bestem Wissen zu informieren. Alle Angaben in diesem Buch sind sorgfältig zusammengetragen und geprüft. Durch Neuerungen in der Gesetzgebung, Rechtsprechung sowie durch den Zeitablauf ergeben sich zwangsläufig Änderungen. Bitte haben Sie deshalb Verständnis dafür, dass wir für die Vollständigkeit und Richtigkeit des Inhalts keine Haftung übernehmen.
Bearbeitungsstand: August 2017

Produktion: Walhalla Fachverlag, 93042 Regensburg
Printed in Germany
ISBN 978-3-8029-4211-2

Schnellübersicht

Einleitung

Warum Produktpiraterie bekämpfen?

In diesem Buch geht es um Abkupfern, Plagiieren, Nachahmen – kurz: den Ideenklau Ihrer geistigen Leistungen.

Fälschungen gab es schon immer, seit Menschen Ideen hatten. Eines der ersten Opfer war der römische Dichter Martial (40 bis ca. 102 n. Chr.), den die Römer für seine spöttischen Verse verehrten. Er wehrte sich gegen einen anderen Dichter namens Fidentinus, der Martials Gedichte als seine eigenen ausgegeben und vorgetragen haben soll. Martial verglich seine eigenen Gedichte mit freigelassenen Sklaven und beschimpfte seinen Dichterkollegen als „plagiario" („Sklavenfänger").

Das deutsche Recht schützt Ihr „geistiges Eigentum", Ihre „gewerblichen Schutzrechte", wie die Juristen sagen. International hat sich der Begriff „Intellectual Property" (abgekürzt mit IP) eingebürgert.

Nur wenige – insbesondere große – Unternehmen erkennen die Gefahren von Produktpiraterie. Sie nehmen das Phänomen zwar meist als ein hinzunehmendes Ärgernis wahr, machen sich aber keine Gedanken darüber, wie man gegen das Abkupfern vorgehen könnte. Dadurch entstehen der deutschen Wirtschaft Schäden in Milliardenhöhe – von der Gefährdung von Arbeitsplätzen und Gesundheitsgefahren ganz zu schweigen.

Der Verband Deutscher Maschinen- und Anlagenbauer (VDMA) stellte in seiner im April 2014 veröffentlichten Studie zum Thema Plagiate fest (http://www.vdma.org/article/-/articleview/3616439, Abruf 10.11.2014), dass Plagiate bisher nur in sehr wenigen Unternehmen überhaupt ein Thema sind. Einige sollen sich sogar über Nachahmungen ihrer Produkte freuen, ganz nach dem Motto: „Spitze! Jetzt werden unsere Produkte endlich auch gefälscht und dadurch bekannter!"

Die Freude über den Werbeeffekt ist meist nur von kurzer Dauer, wie wir als Anwälte immer wieder feststellen müssen. Denn: Geschäftsführer und Führungskräfte haften persönlich für Umsatzverluste und Imageschäden, wenn sie diese Schäden hätten verhindern können. Noch schlimmer: Kunden können wegen Körper- oder Gesundheitsschäden gegen das Unternehmen und unter Umständen sogar direkt gegen den Geschäftsführer auf Schadensersatz klagen.

Aber keine Angst: Man kann sich ja wehren – und wir wollen Ihnen dafür eine Handreichung bieten.

Wir haben für Sie als Praktiker geschrieben und ersparen Ihnen deshalb hochwissenschaftliche juristische Finessen. Uns geht es darum, anhand von Praxis-Beispielen eine gesunde Basis aufzubauen, damit Sie Ihre Augen aufhalten und sich vor allem um das Wichtigste kümmern können: Ihren unternehmerischen Erfolg!

Übrigens: Früher war „Abkupfern" nicht verboten, sondern gehörte zum Handwerk der Kupferstecher. Diese fertigten zwischen dem 16. und 18. Jahrhundert Kopien von Originaldruckplatten an, indem sie die jeweiligen Motive durch Einritzen auf Kupferplatten übertrugen. Aus dem „Freund und Kupferstecher" sind aber längst Freibeuter des geistigen Eigentums geworden, die Ihnen Ihre Ideen klauen. Gefasste Piraten legte man früher in Ketten – wir haben heute wirksamere Mittel!

Daneben möchte das vorliegende Buch allen Interessierten, die sich gegen das Abkupfern wehren wollen, einen Überblick über die Gefahren von Produktpiraterie, aber auch die effektiven Gegenmaßnahmen geben. Wir ersparen Ihnen eine detaillierte juristische Auseinandersetzung mit allen Rechtsfragen rund um die Pirateriebekämpfung – dafür gibt es Anwälte.

Daher werden zunächst die betroffenen Schutzrechte vorgestellt, die Möglichkeiten der Recherche und Ermittlung erörtert und schließlich die rechtlichen Maßnahmen zur Durchsetzung der Rechte beschrieben.

Nach der Lektüre werden Sie die wichtigsten organisatorischen Maßnahmen für die Implementierung eines „IP – Protection Managements" kennen und umsetzen können sowie über das Rüstzeug verfügen, um mit Beratern das weitere Vorgehen zutreffend zu erörtern.

Wir hoffen, Ihnen praxisnah und verständlich Grundzüge dieses juristischen Spezialgebiets zu vermitteln. Vermeiden können Sie Nachahmer nicht, aber Sie sollten wissen, welche Rechte Sie dann haben.

Gerne können Sie sich jederzeit an uns wenden, wenn Sie Anregungen und Fragen zum Buch haben.

Ihnen wünschen wir nun plagiat-resistente Geschäfte und weiterhin viel Erfolg mit Ihren Ideen, Erfindungen, Produkten und Dienstleistungen!

Meinen Mitautoren danke ich für die Bereitschaft, das Projekt gemeinsam mit mir umzusetzen. Frau Steckenleiter vom Walhalla

Fachverlag danke ich für ihre Geduld, Herrn Prof. Tausch für seine Anregungen zur Gestaltung des Manuskripts und Frau Wagner für ihre Umsicht bei dessen Realisierung.

Prof. Dr. jur. Peter Lutz
SNP Schlawien Partnerschaft mbB
www.snp-online.de

Vorwort zur 2. Auflage

Nach dem großen Erfolg der ersten Auflage unseres Praxishandbuchs haben sich der Verlag und die Autoren entschlossen, eine wenig veränderte neue Auflage herauszubringen. Der Verlag hat uns in diesem Zusammenhang vorgeschlagen, das Werk künftig in der Reihe „Betriebliche Praxis" zu platzieren. Diesem Vorschlag haben wir gerne zugestimmt, da in diesem Publikationsumfeld noch deutlicher wird, dass es dem Herausgeber und den Autoren um eine Hilfestellung zum Einstieg in ein unternehmerisch wichtiges, aber auch schwieriges Gebiet geht. Wir freuen uns, wenn wir dadurch einen Beitrag zum Schutze unserer Industrie geleistet haben.

Prof. Dr. jur. Peter Lutz
SNP Schlawien Partnerschaft mbB
www.snp-online.de

Die Autoren

Prof. Dr. jur. Peter Lutz (Hg.) ist seit über 30 Jahren Rechtsanwalt und heute bei SNP Schlawien Partnerschaft mbB in München tätig. Für seine Mandanten kümmert er sich insbesondere um die Organisation von schlagkräftigen Abteilungen zur Bekämpfung der Produktpiraterie.

Maximilian Greger ist Fachanwalt für Urheber- und Medienrecht im Münchner Büro von SNP Schlawien Partnerschaft mbB. Er berät und vertritt Unternehmen in allen Fragen des Gewerblichen Rechtsschutzes.

Klaus Hoffmeister ist der Leiter der bundesweiten Zentralstelle Gewerblicher Rechtsschutz der Bundesfinanzdirektion Südost in München und dort für Grenzbeschlagnahmeverfahren zuständig.

Horst Leis, LL.M. ist Fachanwalt für Gewerblichen Rechtsschutz und Fachanwalt für IT-Recht im Düsseldorfer Büro von SNP Schlawien Partnerschaft mbB und auf Rechtsfragen rund um Technologie spezialisiert; aus früherer Tätigkeit in der Rechtsabteilung eines Handelshauses kennt er auch die kaufmännische Sichtweise.

Hans Losert, Rechtsanwalt seit 2005, ist im Jahr 2009 in die SNP Schlawien Partnerschaft mbB in Berlin eingetreten. Er berät und vertritt vornehmlich mittelständische Unternehmen.

Dr. Rolf Sander ist seit 2001 Patentanwalt in Berlin. Außerdem ist er europäischer Patentanwalt (European Patent Attorney) sowie europäischer Markenanwalt.

Fridolin Seiffert, M.B.L.-HSG ist Fachanwalt für Gewerblichen Rechtsschutz und im Münchner Büro von SNP Schlawien Partnerschaft mbB spezialisiert auf die Beratung und Prozessführung im Gewerblichen Rechtsschutz in Deutschland und international.

Gero Wilke, LL.M. ist Fachanwalt für Gewerblichen Rechtsschutz und Fachanwalt für IT-Recht im Freiburger Büro von SNP Schlawien Partnerschaft mbB. Er vertritt vorwiegend mittelständische Unternehmen in diesen Rechtsgebieten.

Abkürzungen

Abs.	Absatz
ArbEG	Gesetz über Arbeitnehmererfindungen
Art.	Artikel
BGB	Bürgerliches Gesetzbuch
BGH	Bundesgerichtshof
COPIS	Anti-Counterfeit and anti-Piracy Information System
DENIC	Deutsches Network Information Center
DesignG	Gesetz über den rechtlichen Schutz von Design
DPMA	Deutsches Patent- und Markenamt
EPA	Europäisches Patentamt
EPÜ	Europäisches Patentübereinkommen
EU	Europäische Union
EUPIO	Amt der Europäischen Union für geistiges Eigentum
EuGH	Europäischer Gerichtshof
eV	einstweilige Verfügung
EWR	Europäischer Wirtschaftsraum
GebrMG	Gebrauchsmustergesetz
GG	Grundgesetz
GGMUVO	Gemeinschaftsgeschmacksmuster-Verordnung
HABM	Harmonisierungsamt für den Binnenmarkt
i. S. d.	im Sinne des
ISA	Internationale Recherchenbehörde
MarkenG	Markengesetz
OECD	Organisation für wirtschaftliche Zusammenarbeit und Entwicklung
PatG	Patentgesetz
PCT	Patentzusammenarbeitsvertrag (Patent Cooperation Treaty)
PVÜ	Pariser Verbandübereinkunft
RVG	Rechtsanwaltsvergütungsgesetz
UrhG	Urheberrechtsgesetz
UWG	Gesetz gegen den unlauteren Wettbewerb
VDMA	Verband Deutscher Maschinen- und Anlagenbau
VO	Verordnung
WIPO	Weltorganisation für geistiges Eigentum (World Intellecutal Property Organization)
ZGR	Zentralstelle Gewerblicher Rechtsschutz
ZollKostV	Zollkostenverordnung
ZPO	Zivilprozessordnung

Produktpiraterie

1

Definition: Produktpiraterie

Soviel steht fest: Produktpiraten fahren nicht mit einem Fass voll Rum säbelrasselnd mit Augenklappe und Entermesser auf Dreimastern um die Welt, um große Handelsfregatten zu entern und deren Ladung zu erbeuten. Sie machen ihren Profit wesentlich raffinierter und risikoärmer, indem sie entweder illegal die Marken, Logos, Designs, Patente usw. bekannter Unternehmen verwenden, oder gar gleich deren Waren – oft auf den ersten Blick nicht vom Original zu unterscheiden – unberechtigt bis auf das kleinste Detail nachahmen. Sie organisieren ihren Vertrieb mit mafiösen Strukturen. Betroffen sind sämtliche Industriezweige, angefangen von der Armbanduhr bis hin zum ganzen Flugzeug. Fälscher beziehen ihre Plagiate aus der ganzen Welt, den Großteil aber aus Fernost, da die Menschen in diesen Ländern zu besonders niedrigen Löhnen arbeiten (müssen).

Beispiel:

Einen bekannten österreichischen Hersteller von Skiliften ereilte vor einigen Jahren ein Anruf aus China. Der Anrufer beklagte sich über eine stillstehende Liftanlage, weshalb er die Hotline des Herstellers anrief. Der österreichische Hersteller kannte jedoch die betroffene Anlage nicht, weil er sie nicht gebaut hatte. Es stellte sich heraus, dass chinesische Fälscher eine komplette Liftanlage kopiert hatten, einschließlich der Unterlagen, in denen sich die Service-Hotline des Herstellers befand.

Definitionen

Was bedeuten eigentlich die Begriffe „Produktpiraterie" bzw. „Markenpiraterie"? Der deutsche Zoll definiert sie wie folgt:

„*Markenpiraterie* ist das illegale Verwenden von Zeichen, Namen, Logos (Marken) und geschäftlichen Bezeichnungen, die von den Markenherstellern zur Kennzeichnung ihrer Produkte im Handel eingesetzt werden. *Produktpiraterie* ist das verbotene Nachahmen und Vervielfältigen von Waren, für die die rechtmäßigen Hersteller Erfindungsrechte, Design-, Urheberrechte oder Verfahrensrechte besitzen."

Fassen wir also zusammen: Der Fälscher benutzt den „guten Ruf" eines Produkts, um die Käufer über Herkunft und Qualität der Ware zu täuschen. Er missachtet dabei die Markenrechte des Originalherstellers oder dessen Urheberrecht, das eingetragene oder nicht eingetragene Design (früher: Geschmacksmuster), das Gebrauchsmuster, das Patent oder das Know-how eines Unternehmens.

Gewinnpotenzial der Fälscher

Der Fälscher hat mehrere Vorteile: Er muss keinerlei Kosten für Forschung, Entwicklung und Markteinführung eines Produkts aufwenden. Meist kann er zu niedrigen Kosten produzieren, da die Plagiate oft unter menschenverachtenden Bedingungen hergestellt werden. Der durchschnittliche Lohn eines deutschen Industriearbeiters beträgt etwa das 20-fache des Stundenlohns in China; das Gewinnpotenzial ist folglich enorm, denn nicht selten können Produktfälscher auf dem Primärmarkt die Preise der Originalprodukte erzielen. Nach der Studie des VDMA (2016) werden 83 Prozent aller Plagiate in China hergestellt.

Gleichzeitig minimieren sie das Risiko der Rechtsverfolgung durch organisierte Strukturen, indem sie ihre Waren über eine lange und undurchsichtige Vertriebskette an den Endverbraucher absetzen. Erwischt wird oft nur der „kleine Fisch" auf der untersten Ebene der Vertriebskette, beispielsweise ein eBay®-Händler. Dieser wird seinen Hintermann natürlich nicht freiwillig preisgeben. Mit am schwierigsten und aufwendigsten ist es daher, durch konsequente und gezielte Maßnahmen an die „dicken Fische" zu gelangen, zum Beispiel durch Auskunftsansprüche.

„Vorteile" der Produktpiraten

- keine Kosten für Forschung, Entwicklung und Marketing
- Niedriglöhne in Fernost
- undurchschaubare Vertriebsketten (mafiöse Strukturen)

Folge: Extrem hohe Gewinnmargen

Schäden für die Volkswirtschaft

Um das Ausmaß der Schäden zu verstehen, die Produktfälscher verursachen, lohnt sich zunächst ein Blick auf die Volkswirtschaft. Die weltweiten Schäden sind erheblich:

- Eine aktuelle Studie von Ernst & Young aus dem Jahr 2016 zeigt, dass der jährliche Schaden für die deutsche Industrie rund 56 Milliarden Euro beträgt.
- 67 Prozent aller weltweiten Plagiate werden in der EU vertrieben.
- Der deutsche Zoll hat 2012 doppelt so viele Fälschungen aufgegriffen wie 2009.
- Das Institut der Deutschen Wirtschaft nimmt an, dass durch Produktpiraterie allein in Deutschland rund 70.000 Arbeitsplätze jährlich entfallen.
- Die Internationale Handelskammer schätzte den Umsatz mit gefälschten Produkten weltweit für das Jahr 2012 auf insgesamt 650 Milliarden US-Dollar pro Jahr – nach einer aktuellen Schätzung soll der Betrag auf 1,7 Billionen US-Dollar für das Jahr 2015 gestiegen sein.
- Die Europäische Kommission geht davon aus, dass Fälschungen zwischen 7 und 10 Prozent des Welthandels verursachen. Insbesondere das Internet stellt für Produktfälscher die ideale Vertriebsplattform dar – es ermöglicht den schnellen und anonymen Warenabsatz weltweit. Ernst & Young kommt in seiner Studie von 2016 zum Ergebnis, dass 59 Prozent aller Plagiate über das Internet abgesetzt werden.

Das wahre volkswirtschaftliche Ausmaß von Produktpiraterie ist allerdings nur schätzbar, da der Zoll nur weniger als 5 Prozent der im Umlauf befindlichen Waren überhaupt kontrolliert.

Es steht zumindest fest, dass der Handel mit gefälschter Ware stetig wächst. Allein im Zeitraum von 2005 bis 2007 ist nach einer Studie der OECD der Handel mit gefälschter Ware um mehr als 25 Prozent gestiegen.

Letztlich treffen die Folgen uns alle:

- fehlende Sozialversicherungseinnahmen
- fehlender Umweltschutz
- Missachtung des Arbeitsschutzes
- Kinderarbeit in fernöstlichen Ländern

Nicht zuletzt gefährdet Produktpiraterie auch die Investitionen in Forschung und Entwicklung, dadurch die Innovationskraft und den Erfindergeist, die für uns als rohstoffarmes Land unverzichtbar sind.

Gefahren für Unternehmen

Kaum jemand weiß, wie groß die Schäden durch Produktpiraterie wirklich sind. Produktpiraterie wirkt sich von Unternehmen zu Unternehmen unterschiedlich stark aus.

Die Wirtschaftsprüfungsgesellschaft Ernst & Young hat im Rahmen einer Studie aus dem Jahr 2012 herausgefunden, dass Produktpiraterie zwischen 75 und 80 Prozent aller Unternehmen betrifft.

Dennoch unterschätzen Unternehmen und ihre Geschäftsführer die dem jeweiligen Unternehmen drohenden Schäden: Umsatzeinbrüche, Imageverluste, Verlust von Marktanteilen und Markenwertverluste.

Umsatzeinbußen

Die jährlichen Umsatzeinbußen, die ein durchschnittliches mittelständisches Unternehmen durch Produktpiraterie erleidet, schätzt die bereits erwähnte Studie von Ernst & Young auf ca. 2 Prozent.

Über 5 Prozent aller Unternehmen sollen laut einer Umfrage des Bundesministeriums für Wirtschaft und Technologie aus dem Jahr 2009 sogar Umsatzverluste von 16 bis 20 Prozent verbuchen.

Um die Frage beantworten zu können, weshalb sich gefälschte Produkte überhaupt auf den Umsatz eines Unternehmens auswirken, unterscheiden wir vor allem zwei Gruppen von Verbrauchern:

Die erste Gruppe erwirbt gefälschte Ware auf dem Primärmarkt im Glauben, es handle sich um das Original, das sie zum günstigen Preis kaufen kann. Sie hätte das Original auch zum Originalpreis gekauft, da sie markenbewusst einkauft. Die Täuschung dieser Verbraucher

1 schmälert den Umsatz des Originalherstellers unmittelbar: Wer ein Plagiat kauft, braucht kein Original mehr!

Die zweite Gruppe will bewusst „Schnäppchen" auf dem Schwarzmarkt (Sekundärmarkt) ergattern. Umsatzschäden entstehen hier indirekt. Nach einer jüngsten Studie von Ernst & Young von 2016 soll etwa jeder dritte Verbraucher bereits ein Plagiat gekauft haben – meistens bewusst. Dabei war den Verbrauchern klar, dass den betroffenen Unternehmen finanzielle Schäden drohen.

Imageverlust und Downtrading der Marke

Wie schlimm das Image einer Marke leiden kann, zeigt die einstige Premiummarke Ralph Lauren®. Sie ist inzwischen zu einer „Allerweltsmarke" verkümmert, weil sich ein Zweitmarkt entwickelt hat. „Warum das Original kaufen, wenn es das Plagiat zu einem Bruchteil des Preises gibt?"

Doch warum kauft jemand überhaupt noch Originalprodukte von Apple® oder Burberry®? Der Konsument will mit diesen Artikeln vor allem das Image kaufen. Mit den Produkten verbindet er ein besonderes „Feeling", ein Lebensgefühl.

Beispiel:

- Mit einem Smartphone von Apple® erwirbt man „Hipness". Der typische Apple®-Nutzer ist in der Kreativbranche tätig (oder wäre es gerne) und möchte sich vom Otto Normalverbraucher abheben, der mit einem Microsoft®-Betriebssystem vorliebnehmen muss.
- Der modisch interessierte Konsument kauft mit einem Burberry®-Mantel Exklusivität – und die ist eben teuer, obwohl der Mantel in der Herstellung nur einen Bruchteil kostet.

Diese Beispiele sollen Ihnen zeigen, dass auch das Image der Marke entscheidend zum wirtschaftlichen Erfolg des Unternehmens beiträgt. Marken transportieren Qualitätsvorstellungen. Der Kunde „bindet" sich an die Marke und kauft erneut. Imagepflege lohnt sich, denn der Konsument kauft lieber das Produkt des einen und nicht des anderen Unternehmens, obwohl unter Umständen das Preis-Leistungs-Verhältnis des anderen Produkts besser gewesen wäre.

Beispiel:

BrandZ®, eines der führenden amerikanischen Marktforschungsunternehmen, hat die Marke Google® 2014 mit rund 158 Millionen US-Dollar bewertet. Damit ist Google® die wertvollste Marke der Welt, dicht gefolgt von Apple® mit einem Markenwert von knapp 148 Millionen US-Dollar.

Beide Käufergruppen gefälschter Ware – Getäuschte und Schnäppchenjäger – beeinträchtigen den „guten Ruf" der Marke. Aber auch die Qualität eines Produkts ist ein wichtiges Kriterium für die Kaufentscheidung: Käufer, die vermeintlich das Original erworben haben, werden schlechte Funktionalität oder früheren Verschleiß dem Originalhersteller zuschreiben – eine negative Kauferfahrung, die er auch weitererzählen wird.

Der bewusst auf dem Schwarzmarkt shoppende Käufer rechnet mit schlechter Qualität. Dennoch stören ihn Mängel des Plagiats, die er natürlich gerne weiterverbreitet.

Gefahren für Leben und Gesundheit des Verbrauchers durch gefährliche Inhaltsstoffe oder fehlende Sicherheitsstandards des Plagiats sind da schon schwerwiegendere Folgen, die dem Ruf eines Unternehmens noch viel mehr zusetzen können.

Haftung des Unternehmens für Schäden Dritter

Die größten Haftungsrisiken für Unternehmen bergen Körper- oder Gesundheitsschäden, die Verbraucher oder Nutzer durch fehlerhafte Originalprodukte erleiden. Für solche Schäden Dritter, egal, ob verschuldet oder nicht, haftet das Hersteller-Unternehmen nach dem deutschen Produkthaftungsgesetz.

Bei gefälschten Produkten sieht die Rechtslage aber anders aus: Führen Plagiate zu Gesundheitsschäden von Verbrauchern, müssen Sie sich fragen, ob Ihr Unternehmen auch für diese Schäden haftet, obwohl Sie die Produkte selbst gar nicht hergestellt haben.

Um diese Frage zu beantworten, lohnt es sich, einen Blick in die Rechtsprechung zur Pharmaindustrie zu werfen: Dort sind wirkungslose oder gar giftige Fälschungen von Medikamenten besonders gefährlich und führen nicht selten zu Todesfällen. Diese Gefahren haben die Rechtsprechung veranlasst, Pharmaherstellern besondere Sorgfaltspflichten aufzuerlegen. Der Pharmahersteller muss sein

Produkt ab dem Zeitpunkt, zu dem er es in den Verkehr bringt, aktiv beobachten, um zuvor unbekannte Gefahren zu erkennen und abzuwehren.

Diese sogenannte Verkehrssicherungspflicht erstreckt sich sowohl auf den vorhersehbaren Produktmissbrauch als auch auf die Herstellung von Fälschungen durch Dritte. Konkret heißt das: Ist ein Medikament nicht fälschungssicher, darf sich das Pharmaunternehmen nicht auf zufällige Kenntnisse verlassen, sondern muss den Markt aktiv auf Fälschungen hin überwachen und Gegenmaßnahmen ergreifen. Deutsche Gerichte werden diese Art „aktiver Marktbeobachtung" schon bald in anderen Branchen wie der Textil-, Auto- oder Luftfahrtindustrie fordern, denn auch diese Produkte können zu schweren Gesundheitsschäden führen.

Praxis-Tipp:
Zur Vermeidung von Haftungsrisiken müssen Sie den Markt beobachten und alles Zumutbare unternehmen, um einen Produktmissbrauch durch Dritte zu verhindern.

Haftung von Führungskräften

Geschäftsführern ist oft nicht bewusst, dass sie für mögliche Schäden, die das von ihnen geführte Unternehmen oder gar Dritte erleiden, persönlich haften.

Haftung gegenüber dem Unternehmen

Umsatzeinbrüche, Imageverluste oder Schadensersatzansprüche Dritter provozieren die Suche nach den „Schuldigen". Gesellschafter oder Aktionäre können Geschäftsführer und Vorstände in Anspruch nehmen, wenn sie ihre Pflicht zur „ordnungsgemäßen Geschäftsführung" verletzt haben.

Jedes zweite Unternehmen macht der Ernst & Young Studie von 2016 zufolge Produktpiraterie noch nicht zur Chefaufgabe. Zur ordnungsgemäßen Geschäftsführung gehört jedoch auch, als Geschäftsführer vorhersehbare Schäden des Unternehmens zu vermeiden, das heißt die Ablauforganisation zu optimieren, Mitarbeiter gut auszuwählen, anzuleiten und zu überwachen. Außerdem zählt es zu den Geschäftsführeraufgaben, Aktivitäten von Produktfälschern in der Branche zu beobachten und Maßnahmen dagegen zu ergreifen. Verlassen Sie sich als Geschäftsführer daher nicht nur auf Ihr „Bauchgefühl", sondern holen Sie sich Rat, denn „Unwissenheit schützt vor Strafe nicht".

Wichtig: „Brand Protection Management", das heißt der Kampf gegen Produktpiraterie, ist Kernaufgabe der Geschäftsführung!

Haftung gegenüber Dritten

Normalerweise können Dritte Geschäftsführer nur in Ausnahmefällen direkt auf Schadensersatz in Anspruch nehmen. Aber: Die Rechtsprechung hat in den letzten Jahren von diesem Grundsatz Ausnahmen gemacht. Mehrere Gerichte haben die Haftung eines Geschäftsführers gegenüber Dritten bejaht, wenn es der Geschäftsführer versäumt hat, Schäden an Dritten durch ausreichende Betriebsorganisation oder innerbetriebliche Organisationsregeln und Überwachung seiner Mitarbeiter zu vermeiden.

So hat zum Beispiel der Bundesgerichtshof (BGH) in Karlsruhe im sogenannten Baustoff-Urteil (Urteil v. 05.12.1989 – VI ZR 335/88) entschieden, wann innerbetriebliche Organisationsregeln den Geschäftsführer „aus besonderen Gründen gegenüber dem Dritten treffen". Laut BGH ist ein Geschäftsführer dann „Garant zum Schutz fremder Schutzgüter", welche ihm der Dritte anvertraut hat. Seine Rechtsprechung hat der BGH bestätigt und fortgeführt (Urteil v. 18.06.2014 – I ZR 242/12).

Diese Garantenstellung führt somit zur direkten Haftung des Geschäftsführers gegenüber Dritten.

Die gleichen Grundsätze gelten im Strafrecht: Dort muss der Geschäftsführer ebenfalls durch Organisation und Beaufsichtigung seiner Mitarbeiter Körper- und Gesundheitsschäden Dritter vermeiden.

Schäden und Haftungsrisiken	
Schäden	**Haftungsrisiken**
■ Imageschäden ■ Umsatzverlust ■ Entwertung der Marke	■ Unternehmen gegenüber Dritten für fehlerhafte Plagiate ■ Geschäftsführer – gegenüber Unternehmen wegen mangelhaftem Brand Protection Managements – gegenüber Dritten wegen Vernachlässigung der Produktüberwachung

Sie wissen jetzt, was Produktpiraterie ist und kennen die wichtigsten Schäden, die Produktpiraten verursachen, sowie die Haftungsrisiken für Geschäftsführer. Welche Maßnahmen Ihr Kampf gegen Produktpiraterie nun erfordert, erfahren Sie im Folgenden.

Schutzrechte

Wirkungsvoller Schutz vor Produktpiraterie

Fragen Sie sich auch, warum Sie überhaupt ein Schutzrecht erwerben sollen?

Das koste viel und habe keinen Effekt, meinen einige. Aber: Sie haben gerade gelesen, welche Schäden und Risiken die Produktpiraterie für die Volkswirtschaft insgesamt, für Ihr Unternehmen und, wenn Sie nicht umsichtig agieren, für Sie als Geschäftsführer verursachen kann. Lassen Sie sich deshalb nicht Sand in die Augen streuen, denn nur mithilfe von Schutzrechten können Unternehmen sich gegen Produktpiraterie verteidigen.

Schutz durch die Verfassung

Die Bedeutung der Schutzrechte und ihren Wert haben die Verfassungsmütter und -väter unseres Grundgesetzes erkannt. Die gewerblichen Schutzrechte und das Urheberrecht fallen nämlich unter das Grundrecht auf Eigentum (Art. 14 GG), dessen Inhalt die Gesetze über die gewerblichen Schutzrechte und das Urheberrecht längst präzisiert haben.

Monopolrechte

Gewerbliche Schutzrechte gewähren ihren Inhabern ein Monopolrecht; nur sie allein können das Recht ausüben. Die Gewährung des Monopols soll gleichzeitig eine „Belohnung" für die den Schutzrechten zugrunde liegende erfinderische, unternehmerische oder künstlerische Leistung sein. Die Schutzrechte versetzen deren Inhaber in die Lage, ihre Innovationen und Entwicklungen gegen die Nachahmung und die Ausbeutung durch Dritte zu schützen und sie selbst zu verwerten. Dadurch will der Gesetzgeber einen Anreiz schaffen, sich der Mühen und Kosten des Innovationsprozesses zu unterziehen.

Absolute Rechte

Alle Schutzrechte gewähren ihren Inhabern zunächst ein Verbotsrecht, man sagt deshalb auch, sie seien sogenannte absolute Rechte: Sie gelten gegenüber „jedermann". Inhaber können also allen, die ohne Absprache mit dem Inhaber ein Recht nutzen, diese Nutzung verbieten. Rechteinhaber können damit steuern, wer diese Rechte jeweils ausüben darf. Dieser Gesichtspunkt ist für Ihr Anliegen, die Piraterie zu bekämpfen, der wichtigste.

In den meisten Fällen gewähren die Schutzrechte deren Inhabern außerdem ein Benutzungsrecht, das heißt das alleinige Recht darüber zu entscheiden, wer das Recht benutzen darf. Wer das Recht nutzt, obwohl er es nicht darf, muss mit Schadensersatz und Folgeansprüchen rechnen, wie zum Beispiel den Ansprüchen auf Unterlassung und Auskunft über die Vertriebswege, Vernichtung sowie auch öffentliche Bekanntmachung.

Das sind also zwei Seiten derselben Medaille: Verbotsrecht und der sich darauf stützende Unterlassungsanspruch sind die wichtigsten Instrumente im Kampf gegen die Piraterie.

Privatrechtliche Ansprüche begleitet unser Strafrecht, es stellt die Verletzung der Schutzrechte unter Strafe. Leider steht allerdings die Verletzung der Schutzrechte nicht im Zentrum des Interesses der Strafverfolgungsbehörden, sodass es Unternehmen selbst obliegt, ihre Rechte zu schützen.

Schutzarten des „geistigen Eigentums"

Die eingetragenen Schutzrechte, das Urheberrecht und das Recht des lauteren Wettbewerbs stellen das Schutzrechtssystem für Ihr sogenanntes geistiges Eigentum dar. Sie ahnen es schon, Juristen haben daraus tatsächlich ein System gemacht:

Schutzrechte kann man danach unterscheiden, was sie schützen.

Patent- und Gebrauchsmusterrecht

Für technische, gewerblich nutzbare Erfindungen stehen uns Patent- und Gebrauchsmusterrecht zur Verfügung. Wollen Sie beispielsweise den Schutz für ein bestimmtes Getriebe, eine Steckverbindung, ein Gehäuse einer Kamera oder ein Verfahren zur Gewinnung eines bestimmten Stoffes erlangen, sind Patente und Gebrauchsmusterrecht Schutzrechte Ihrer Wahl.

Kennzeichnungsrechte

Wollen Sie Ihre Waren oder Dienstleistungen kennzeichnen, sodass sie von jenen anderer Unternehmen unterschieden werden können, bieten sich die Kennzeichnungsrechte an, nämlich die Marke, die besondere Kennzeichnung eines Unternehmens oder auch der Titel.

So steht BMW® für ein bestimmtes Automobilunternehmen, ebenso wie die vier Ringe für ein anderes Automobilunternehmen stehen. Nivea® oder Persil® stehen für ein bestimmtes Produkt und Deutsche Börse® für eine Dienstleistung. Der Titel „007" ist stets mit den gleichnamigen Agentenfilmen verknüpft.

Urheberrecht, Leistungsschutzrechte, Designrecht oder europäische Geschmacksmuster

Steht dagegen der Schutz einer kreativen Leistung im Vordergrund, kann dieser durch das Urheberrecht, die Leistungsschutzrechte, das Designrecht oder das europäische Geschmacksmuster erlangt werden.

Schriftsteller, Wissenschaftler, Kartografen, Architekten, Werbefachleute, Softwareingenieure und viele andere finden für ihre Leistungen einen Schutz durch das Urheberrecht.

Schauspieler, Filmproduzenten, Sender, Datenbankhersteller erhalten für ihre Leistungen den Schutz durch die sogenannten Leistungsschutzrechte oder verwandte Schutzrechte.

Geistesblitze von Entwerfern, die eine neue eigenartige Gestaltung für ein Erzeugnis schaffen, ein Schmuckstück, ein Möbelstück, ein Kaffeeservice, eine Tapete, eine Autokarosserie oder einen Stoff, schützen sich mit Designrecht oder durch das europäische Geschmacksmusterrecht.

Der Gesetzgeber sieht nicht für alle schutzwürdigen Leistungen (z. B. Know-how, wettbewerbliche Leistungen) ein gesondertes Schutzrecht vor. Jedoch sorgen die Vorschriften über den lauteren Wettbewerb dafür, dass Bösewichte auch diese Leistungen nicht auf unfaire Weise ausbeuten dürfen. Geschützt sind somit auch Kundenbeziehungen, Herstellungsverfahren und -methoden oder eine Modeneuheit.

Registerrechte

Juristen teilen Schutzrechte auch in solche Rechte ein, die eine Anmeldung und Eintragung in ein Register voraussetzen, sowie in solche, die automatisch, kraft Gesetzes, entstehen.

Patent und Marke können Sie beim Patentamt anmelden und dort nach eingehender Prüfung in das entsprechende Register eintragen lassen.

Auch Gebrauchsmuster, Design- und Gemeinschaftsgeschmacksmuster müssen angemeldet und in das entsprechende Register eingetragen werden; bei diesen Schutzrechten prüft das Amt aber nur, ob der Antrag „formell" in Ordnung ist und nicht, ob die Muster auch inhaltlich („materiell") schutzfähig sind. Die inhaltliche Seite wird ggf. später von einem Gericht geprüft, sollten Sie die Verletzung Ihres Rechts einklagen. Diese Rechte werden auch als Registerrechte bezeichnet, das heißt Rechte, deren Inhalt und Umfang sich durch die Registereintragung nachvollziehen lassen.

Formlos gültige Schutzrechte

Andere Schutzrechte bedürfen weder einer Anmeldung, Eintragung noch sonstiger Formalitäten.

Das Urheberrecht fällt ebenfalls unter die sogenannten formlos gültigen Schutzrechte, denn es entsteht allein durch die Schöpfung eines Werks, das den Anforderungen an den Urheberschutz entspricht.

Auch die Leistungsschutzrechte, die im Urheberrechtsgesetz geregelt sind, zählen dazu; hier genügt es, wenn die geschützte Leistung erbracht wird.

Das besondere Kennzeichen eines Unternehmens oder der Titel bedürfen ebenfalls keiner Formalien zur Entstehung. Hier genügt die sogenannte Ingebrauchnahme, das heißt das Benutzen der Kennzeichnung, zum Beispiel auf Werbematerialien oder dem Unternehmensschild am Tor.

Gleiches gilt für das nicht eingetragene Gemeinschaftsgeschmacksmuster, das Know-how und die wettbewerbsrechtlich geschützte Leistung.

Nachfolgend wollen wir Ihnen die Schutzrechte etwas näher vorstellen. So erfahren Sie mehr über deren Voraussetzungen und Entstehung, über deren Inhaber sowie das Verfahren, Rechte jeweils zu erlangen. Dadurch können Sie besser selbst entscheiden, welche Rechte für Ihre Leistungen und Produkte die jeweils richtigen sind.

Praxis-Tipp:

Nach der Prüfung, was Sie schützen möchten und welche Schutzrechte für Sie infrage kommen, sollten Sie Näheres zum konkreten Schutz Ihres Rechts mit Ihrem Rechts- oder Patentanwalt besprechen und regelmäßig Ihre „Schutzrechtsstrategie" überprüfen.

Technische Erfindungen, Patente und Gebrauchsmuster

Patente, Gebrauchsmuster und deren Anmeldungen dienen zum Schutz technischer Entwicklungsleistungen. Juristen bezeichnen sie daher häufig gemeinsam als „technische Schutzrechte". Wenn Ergebnisse der Forschungs- und Entwicklungsabteilung neben Messungen, Aufzeichnungen, Know-how und dergleichen auch eine neue abstrakte Lehre zum technischen Handeln hervorbringen, können diese als Erfindung durch ein technisches Schutzrecht unter Schutz gestellt werden.

Eine solche Erfindung kann beispielsweise einen verbesserten Dübel, eine Turbine, eine chemische Substanz, eine Leistungshalbleiterschaltung, ein Softwareprogramm, ein Verfahren zur Herstellung einer Substanz oder auch eine neue Verwendung eines bekannten Stoffes betreffen.

Der Schutz durch ein technisches Schutzrecht entsteht jedoch nicht bereits durch den kreativen Akt des Erfindens an sich, somit nicht allein dadurch, dass Sie eine Erfindung überhaupt machen, wie dies bei geistigen Schöpfungen im Sinne des Urheberrechts der Fall ist.

Anmeldung beim Deutschen Patent- und Markenamt

Technische Schutzrechte in Deutschland müssen beim Deutschen Patent- und Markenamt (DPMA, www.dpma.de) als Patent- oder Gebrauchsmusteranmeldung angemeldet werden. Erst mit der Eintragung entsteht das technische Schutzrecht, mit dem anderen die Nutzung dieser Erfindung untersagt werden kann.

Technische Schutzrechte sollen die Forschung und Entwicklung beflügeln. Der Erfinder soll seine Erfindung der Öffentlichkeit mitteilen, die das „Rad nicht noch einmal neu erfinden" soll. Für diese Veröffentlichung erhält der Erfinder im Gegenzug ein auf zehn oder 20 Jahre zeitlich begrenztes Monopolrecht.

Sie sollten sich darüber im Klaren sein, dass Sie Ihre Erfindung offenlegen müssen, wenn Sie sie durch ein technisches Schutzrecht schützen lassen wollen. In diesem technischen Schutzrecht ist die beanspruchte Erfindung deshalb auch so genau zu beschreiben, dass ein Fachmann diese nachvollziehen und ausführen kann. Eine Geheimhaltung der Erfindung ist dann zwar nicht mehr möglich, aber durch die Eintragung ist Ihr Recht sicher.

Vorteile technischer Schutzrechte

Daneben haben technische Schutzrechte weitere Vorteile: Sie können zum Beispiel als Inhaber des Schutzrechts in geschäftlich schwierigen Verhandlungen vorsichtig auf eine mögliche Verletzung durch Ihren Verhandlungspartner hinweisen, um so Ihre Position in den Verhandlungen zu stärken.

Sie können außerdem bei der Verhandlung von Lizenzaustauschverträgen als „Währung" dienen, da sich hierbei zwei Portfolien technischer Schutzrechte gegenüberstehen. Der Inhaber des „schwächeren" Portfolios kann diesen Nachteil gegenüber der stärkeren Partei in der Regel nur durch Zahlung von Lizenzgebühren aufwiegen. Natürlich steigern Patentportfolien auch die Reputation des jeweiligen Inhabers als innovatives Unternehmen und ermöglichen durch die Vergabe von Lizenzen zusätzlichen Umsatz.

Auch beim Technologietransfer bringen technische Schutzrechte Vorteile: Überträgt zum Beispiel ein deutsches Unternehmen Technologie und Know-how nach China auf ein chinesisches Unternehmen und endet die Kooperation, kann das deutsche Unternehmen seinen früheren Partner oft nur durch technische Schutzrechte von dem Verkauf „kopierter" Produkte abhalten, die auf die übertragene Technologie zurückgehen.

Praxis-Tipp:

Daher sollten Sie nach Möglichkeit technische Schutzrechte zum Schutz der transferierten Technologie anmelden, sowohl innerhalb als auch außerhalb des jeweiligen Gebiets, auf dem Sie kooperieren.

Doch Achtung: Die Anmeldung der Erfindung muss jedoch unbedingt vor ihrer Veröffentlichung erfolgen. Auch eigene Veröffentlichungen der Erfindung können der Patenterteilung später im Wege stehen. Daher gilt: Erst anmelden, dann veröffentlichen!

Arbeitnehmererfindungen und freie Erfindungen

Eine Erfindung ist die Voraussetzung für jedes technische Schutzrecht. Erfindungen kann man nicht anfassen. Sie entstehen als sogenanntes immaterielles Rechtsgut im Kopf eines oder mehrerer Erfinder. Die Rechte an Erfindungen können wie die Rechte an einem Haus oder einem Stück Land auf Dritte übertragen werden (§ 15 Abs. 1 PatG). Außerdem besteht die Möglichkeit, Interessenten Nutzungsrechte daran einzuräumen (§ 15 Abs. 2 PatG).

Steht der Erfinder in einem Dienstverhältnis und fällt dessen Erfindung in den Arbeitsbereich des Betriebs seines Arbeitgebers, handelt es sich bei seiner Erfindung um eine Arbeitnehmer- oder Diensterfindung (§ 4 ArbEG). In Deutschland sind die Rechte und Pflichten im Zusammenhang mit Arbeitnehmererfindungen durch das Arbeitnehmererfindergesetz (ArbEG) geregelt.

Steht der Erfinder aber in keinem arbeitsrechtlichen Verhältnis oder fällt die Erfindung eines Arbeitnehmers offensichtlich nicht in den Arbeitsbereich des Betriebs des Arbeitgebers, ist seine Erfindung eine „freie" Erfindung und der Erfinder kann frei über seine Erfindung verfügen.

Ist unklar, ob die Erfindung in den Arbeitsbereich des Arbeitgebers fällt, hat der Erfinder seine Erfindung seinem Arbeitgeber zusammen mit seiner Einschätzung mitzuteilen, dass es sich um eine freie Erfindung handelt (§ 18 ArbEG). Darüber hinaus muss dem Arbeitgeber vor der Verwertung einer freien Erfindung eine nichtausschließliche Lizenz zu fairen Bedingungen angeboten werden (§ 19 ArbEG).

In der Praxis kommt den Arbeitnehmererfindungen eine weitaus größere Bedeutung zu als freien Erfindungen. Erfindungen entstehen heute hauptsächlich in Forschungs- und Entwicklungsabteilungen von Unternehmen, in Hochschulen oder Forschungseinrichtungen. Die Erfinder sind daher in der Regel Angestellte oder mit anderen Worten sogenannte Arbeitnehmererfinder.

Auch die Rechte an einer Arbeitnehmererfindung liegen zunächst beim Erfinder. Aufgrund des Arbeitnehmererfindergesetzes ist der Arbeitnehmererfinder jedoch verpflichtet, die Erfindung seinem Arbeitgeber zu melden („Erfindungsmeldung" – § 5 ArbEG).

Sobald der Arbeitgeber die Meldung erhalten hat, kann er die Erfindung dem Erfinder innerhalb von vier Monaten zur beliebigen

Verwendung freigeben. Die Erfindung wird dann zu einer freien Erfindung (§ 6 ArbEG).

Gibt der Arbeitgeber die Erfindung nicht vor Ablauf dieser Frist frei, gehen die Rechte an der Erfindung automatisch auf den Arbeitgeber über (§ 7 ArbEG). Der Erfinder hat jedoch im Gegenzug ein Recht auf eine angemessene Vergütung (§ 9 ArbEG).

Da die Höhe der Vergütung in der Regel mit einer Patenterteilung ansteigt, hat der Gesetzgeber den Arbeitgeber verpflichtet, eine Arbeitnehmererfindung, deren Rechte er auf sich überführt hat, auch zum Patent anzumelden (§ 13 ArbEG). Gibt der Arbeitgeber die Erfindung dem Erfinder also nicht frei, muss er sie als Patent anmelden. Er kann sich nicht damit herausreden, dass die Erfindung ja gar nicht patentfähig sei und mit einer Anmeldung unsinnige Kosten verursacht würden.

Als Arbeitgeber können Sie sich jedoch von der Anmeldeverpflichtung in Absprache mit dem Erfinder befreien. Allerdings können Sie diese Absprache erst treffen, wenn Sie die Erfindungsmeldung erhalten haben (§ 7 Abs. 2 ArbEG). Danach können Sie dem Erfinder auch einen Geldbetrag anbieten, wenn dieser im Gegenzug beispielsweise darauf verzichtet, dass Sie seine Erfindung anmelden. Standardisierte Regelungen im Arbeitsvertrag sind in Deutschland per Gesetz nichtig, es kommt somit auf Ihre persönliche Vereinbarung nach Erhalt der Erfindungsmeldung an.

Unabhängige Erfindungen

Haben mehrere Erfinder gemeinsam eine Erfindung gemacht, steht ihnen gemäß § 6 PatG das Recht auf das Patent gemeinschaftlich zu. Haben mehrere Erfinder die Erfindung jedoch unabhängig voneinander gemacht, steht das Recht demjenigen zu, der die Erfindung zuerst beim Patentamt angemeldet hat. Mittlerweile gilt dieses sogenannte „First to File"-Prinzip nahezu weltweit.

Das „First to File"-Prinzip müssen Sie dann berücksichtigen, wenn Ihnen bekannt ist, dass Wettbewerber oder andere Forschungsteams an der Lösung desselben oder eines ähnlichen Problems arbeiten und unabhängige Parallelerfindungen wahrscheinlich sind. In diesem Fall fährt derjenige das Korn ein, der seine Erfindung als Erster beim Patentamt einreicht.

Gemeinschaftliche Erfindungen

Bei gemeinschaftlich gemachten Erfindungen liegt es komplizierter: Sind die Gemeinschaftserfinder beim gleichen Arbeitgeber angestellt, gehen die Anteile jedes Erfinders an den Erfindungsrechten üblicherweise auf den Arbeitgeber über. Der Arbeitgeber wird so alleiniger Rechteinhaber.

Sind die Gemeinschaftserfinder jedoch bei unterschiedlichen Arbeitgebern angestellt oder ist einer der Erfinder ein freier Erfinder, steht das Recht auf die Erfindung mehreren natürlichen oder juristischen Personen gemeinschaftlich zu (§ 6 PatG).

Fehlt es an einer vertraglichen Regelung zwischen den gemeinschaftlichen Inhabern, gelten in Deutschland die gesetzlichen Regelungen zur BGB-Gesellschaft (§§ 705 ff. BGB) oder zur Bruchteilsgemeinschaft (§§ 741 ff. BGB). In der überwiegenden Anzahl der Fälle ist von einer Bruchteilsgemeinschaft auszugehen.

Beispiel:

Sind A, B und C Inhaber der Rechte an einer Bohrmaschinenerfindung, sind sie Bruchteilsgemeinschaft.

A könnte dann seinen Anteil an der Erfindung an die X-GmbH verkaufen, ohne dass er hierfür die Zustimmung von B oder C benötigt. Melden A, B und C ihre Erfindung als technisches Schutzrecht gemeinsam an, können A, B und C Nutzungsrechte daran – eine Lizenz – nur gemeinsam einräumen, das heißt sie müssen sich absprechen und alle müssen einer Lizenzvergabe zustimmen. Ein nur von A und B unterschriebener Lizenzvertrag mit der Z-GmbH wäre ohne die Zustimmung von C nicht wirksam. C könnte die Z-GmbH verklagen, wenn sie die Erfindung nutzt – und den Prozess würde er auch gewinnen.

Der BGH hat im März 2005 (Urteil v. 22.03.2005 – X ZR 152/03; gummielastische Masse II) entschieden, dass jeder Inhaber einer Gemeinschaftserfindung die Gemeinschaftserfindung selber nutzen kann, ohne dass den anderen irgendein finanzieller Ausgleich für diese Nutzung zusteht – jedenfalls solange die Nutzung eines Inhabers nicht die Nutzung durch die anderen Mitinhaber beeinträchtigt.

Beispiel:

Die BAURUP KG stellt als mittelständisches Unternehmen in Deutschland Bremsen her und vertreibt sie weltweit. Der freiberuflich tätige Bremsenfachmann Dr. Koch ist ein alter Bekannter des Hauses und schaut öfter mal in der Entwicklungsabteilung vorbei, die Herr Boss leitet. Bei einer solchen Gelegenheit haben Dr. Koch und Herr Boss gemeinsam eine Erfindung ersonnen, die eine selbstverstärkende Bremse betrifft. Herr Boss hat konform mit dem Arbeitnehmererfindergesetz diese Erfindung seinem Arbeitgeber gemeldet, der deren Rechte auf sich überführt hat. Die BAURUP KG und Dr. Koch melden gemeinsam ein Patent an.

Die BAURUP KG und Dr. Koch sind gemeinschaftliche Anmelder oder Inhaber der Rechte an der Erfindung. Vertragliche Regelungen zwischen der BAURUP KG und Dr. Koch sind nicht vorhanden. Daher gelten hier die Regelungen zur Bruchteilsgemeinschaft.

Fünf Jahre nach der Anmeldung hat sich die selbstverstärkende Bremse zu einem Kassenschlager entwickelt. Die BAURUP KG macht astronomische Umsätze mit einem die Erfindung nutzenden Produkt, das mittlerweile ein Patent schützt.

Herr Boss hat sich von den jährlich eingehenden Erfindervergütungszahlungen bereits eine Insel gekauft. Dem Miterfinder und Miteigentümer des Patents Dr. Koch stehen hingegen keine Ausgleichsansprüche zur Seite. Die BAURUP KG ist nicht verpflichtet, den Mitanmelder Dr. Koch an ihrem Gewinn zu beteiligen. Dr. Koch wäre allein auf den guten Willen der BAURUP KG angewiesen. Allerdings dürfte Dr. Koch dann seine Mitanmelderschaft an anderer Stelle ausspielen, um der BAURUP KG die Suppe zu versalzen.

2

Die im Bürgerlichen Gesetzbuch (BGB) geregelten Details zur Bruchteilsgemeinschaft können wir hier nur anreißen. Bedenken Sie aber stets: Bei Prozessen über technische Schutzrechte kann das Recht der Bruchteilsgemeinschaft zu unschönen Überraschungen führen!

Wir können deshalb nur raten, bei Gemeinschaftserfindungen Rechte und Pflichten vertraglich zu regeln. In solchen Gemeinschaftsverträgen sollten Sie Entscheidungsabläufe definieren, damit im

Streitfall klar ist, in welchen Ländern wer die Erfindung anmeldet. Regeln sollten Sie in Ihrer Vereinbarung auch, was passieren soll, wenn nur einer das Schutzrecht aufgeben will. Sind beispielsweise Patente in den USA, Japan, Europa und China angemeldet und will Ihr Mitanmelder die Anmeldung in China fallen lassen, könnte eine vertragliche Regelung darin bestehen, dass er Ihnen seinen Anteil an der chinesischen Anmeldung zur Übertragung anbieten muss.

Erfindungen im Sinne des Patentgesetzes

Eine übliche Definition der Erfindung ist „Lehre zum Handeln". Trotz zahlreicher Versuche, die gesetzlichen Regelungen zu technischen Schutzrechten weltweit zu vereinheitlichen, „lebt" jedes Land seine eigene Definition.

Das deutsche Patentgesetz hat sich eine Definition des Erfindungsbegriffs gleich ganz gespart, ähnlich wie die Gewerbeordnung, die keine Definition des Gewerbes enthält. Der Gesetzgeber definiert immer dann ganz bewusst nicht, wenn er ein Gesetz auch für die Zukunft anwendbar erhalten will, denn eine Definition würde die zukünftigen Fälle vielleicht nicht erfassen können und das Gesetz „zu eng" machen.

Allerdings listet das Patentgesetz (§ 1 Abs. 2 PatG) Gegenstände und Verfahren auf, die es gerade nicht als Erfindung im Sinne des Gesetzes betrachtet und die nicht als Patent oder Gebrauchsmuster angemeldet werden können:

- Entdeckungen
- Wissenschaftliche Theorien
- Pläne
- Spiele

Gleiches gilt für:

- Pflanzensorten
- Tierrassen
- Klonverfahren
- Verfahren zur chirurgischen oder therapeutischen Behandlung des menschlichen oder tierischen Körpers

Alles keine Erfindungen, jedoch sind deren Erzeugnisse, Stoffe oder Stoffgemische zur Anwendung doch wieder Erfindungen.

Verfahren für geschäftliche Tätigkeiten sind grundsätzlich nicht schutzfähig (§ 1 Abs. 3 Nr. 3 PatG). Softwarerelevante Erfindungen können hingegen erfolgreich angemeldet werden, wenn mit ihnen ein technischer Effekt verknüpft ist. Das Patent schützt die einem Programm zugrunde liegende Idee nicht nur vor einer Kopie. Der Inhaber eines Patents kann auch gegen unabhängige Parallelentwicklungen vorgehen, die das Patent verletzen. Die Programmcodes sind urheberschutzfähig (§ 2 Abs. 1 Nr. 1 UrhG).

Schutzvoraussetzungen in Deutschland

Nach § 1 PatG erteilt das DPMA Patente für Erfindungen auf allen Gebieten der Technik, sofern sie:

1. neu sind
2. auf einer erfinderischen Tätigkeit beruhen
3. gewerblich anwendbar sind (§ 1 Abs. 1 PatG)

Diese drei Schutzvoraussetzungen gelten auch für deutsche Gebrauchsmuster, wobei im Gesetz anstelle der erfinderischen „Tätigkeit“ von einem erfinderischen „Schritt“ die Rede ist (§ 1 Abs. 1 GebrMG).

Das Erfordernis der gewerblichen Anwendbarkeit (3. Kriterium) verlangt (§ 3 PatG), dass der Erfinder seine Erfindung zu gewerblichen Zwecken, das heißt im „Gewerbe“, nutzen kann. Sie sollten sich fragen, ob Sie mit Ihrer Erfindung irgendeinen Gewinn erzielen können. Wie sähe ein Produkt aus, das aufgrund Ihrer Erfindung hergestellt ist? Können Sie ein solches Produkt verkaufen? Können Sie Ihr erfundenes Verfahren anbieten oder nutzen lassen und Geld dafür verlangen?

Eine Erfindung gilt als „neu“ (1. Kriterium), wenn sie bisher nicht zum aktuellen Stand der Technik gehört (§ 2 Abs. 1 PatG). Den „Stand der Technik“ definieren Juristen unter anderem durch den Kenntnisstand, der vor dem ersten Anmeldetag der Erfindung der Öffentlichkeit zugänglich war. Dieser Kenntnisstand umfasst eigentlich alles, somit schriftliche und mündliche Beschreibungen, aber auch öffentlich benutzte Gegenstände. Wurde die Erfindung bereits in allgemein zugänglichen Vorträgen, Veröffentlichungen beschrieben oder in einem öffentlich benutzten Produkt benutzt, erübrigt sich die Anmeldung eines technischen Schutzrechts. Die Erfindung wäre nicht mehr neu und das Amt würde die Anmeldung zurückweisen. Gleiches gilt in Deutschland und Europa auch für Veröffentlichungen des Erfinders oder Anmelders selbst.

Daher gilt der Grundsatz: Erst anmelden, dann veröffentlichen.

Es kommt immer wieder vor, dass gerade unerfahrene Erfinder oder Anmelder diesen Grundsatz missachten und die Erfindung ausführlich und stolz in einem Vortrag oder in einer einschlägigen Fachzeitschrift publizieren, bevor sie einen Patentanwalt mit der Ausarbeitung der Anmeldung beauftragen.

Eine Patentanmeldung in Europa ist dann zwar sinnlos geworden, jedoch sollte sich der Anmelder informieren, in welchen Ländern eine sogenannte Neuheitsschonfrist besteht. In einigen Ländern (z. B. die USA und Kanada) kann der Erfinder selbst oder sein Rechtsnachfolger (z. B. ein Erbe) die Erfindung veröffentlichen, ohne dass dies deren Patentfähigkeit beeinträchtigt. Allerdings muss die Anmeldung innerhalb von zwölf Monaten nach der Veröffentlichung beim Amt eingegangen sein.

In Deutschland besteht für Gebrauchsmuster eine sechsmonatige Neuheitsschonfrist (§ 3 GebrMG). Hat man also nicht daran gedacht, eine Erfindung vor ihrer Veröffentlichung zum Patent anzumelden und beispielsweise auf einer Tagung einen Vortrag über die Erfindung gehalten, dann bleibt oft nur noch das Gebrauchsmuster um die Erfindung zu schützen. Aber Achtung: Verfahren können nicht als Gebrauchsmuster angemeldet werden (§ 2 GebrMG).

Die erfinderische Tätigkeit (2. Kriterium) ist in § 4 PatG definiert. Eine Erfindung beruht dann auf einer erfinderischen Tätigkeit, wenn sie sich „für den Fachmann nicht in naheliegender Weise aus dem Stand der Technik ergibt". Der Stand der Technik ist natürlich auch bei der Beurteilung der erfinderischen Tätigkeit maßgeblich.

Was aber ist ein Fachmann? Liegt die Erfindung im „Erkenntnishorizont" des Fachmanns, ist sie nicht erfinderisch. Über die Kenntnis und die Fähigkeit eines Fachmanns kann man natürlich trefflich streiten. Anmelder und Behörden kommen in der Regel zu ganz unterschiedlichen Auffassungen darüber. Diese Auseinandersetzungen sind Gegenstand von Prüfungs-, Einspruchs-, Nichtigkeits- und Löschungsverfahren. Ob die Leistung erfinderisch ist oder nicht, sollten Sie in jedem Fall einen Patentanwalt beurteilen lassen, denn nur dieser kennt die verästelte Rechtsprechung.

Internationales

Insbesondere international operierende Unternehmen melden ihre Erfindungen nicht nur in Deutschland oder Europa, sondern auch in weiteren Zielmärkten wie beispielsweise den USA, China, Indien und Japan an. Die Schutzfähigkeit untersucht in jedem Land gesondert die dort zuständige Behörde. Zwar schreiben einige Patentämter dem Anmelder vor, sie über den Verlauf von parallelen Prüfungsverfahren zu informieren. Diese Informationen beeinflussen das Prüfungsverfahren jedoch in der Regel nicht oder nur wenig. Oft hält beispielsweise ein japanischer Prüfer zwei japanische Druckschriften für viel relevanter in Bezug auf die Beurteilung der Schutzfähigkeit einer Anmeldung als die englischsprachigen Dokumente, die der US-Prüfer zur gleichen Erfindung recherchiert hat. Das kann natürlich auch umgekehrt gelten.

Darüber hinaus bestehen von Land zu Land immer noch Unterschiede bei der Beurteilung, ob eine Erfindung neu oder erfinderisch ist. Es kann also sein, dass in China das Amt ein Patent erteilt, während das Amt in Europa die Anmeldung zurückweist oder umgekehrt. Ein in Japan zur gleichen Erfindung erteiltes Patent kann einen von dem parallelen chinesischen Patent abweichenden Schutzbereich haben.

Patentanmeldungen

Mit einem Patent können Sie Sachen und Verfahren schützen. Sachen sind Vorrichtungen oder Substanzen, somit Dinge aller Art. Verfahren können sowohl Herstellungsverfahren als auch Arbeitsverfahren sein. Ein Herstellungsverfahren wäre beispielsweise ein Verfahren zum Herstellen eines Wirkstoffs, wohingegen ein Arbeitsverfahren beispielsweise ein Verfahren zum Regeln eines Umrichters wäre.

Das Patentamt erteilt ein Patent nur nach einer sachlichen Prüfung des beanspruchten Gegenstands.

Der Patentprüfer führt auf Antrag eine Recherche nach Veröffentlichungen durch (§ 43 PatG), die vor dem Zeitrang der Patentanmeldung liegen. Wurde ein Prüfungsantrag gestellt, entscheidet die Prüfungsstelle darüber, ob Neuheit, erfinderische Tätigkeit und die gewerbliche Anwendbarkeit des beanspruchten Gegenstands gegeben sind (§ 44 PatG). Ist die Erfindung seiner Meinung nach patentfähig, veranlasst der Prüfer die Erteilung eines Patents (§ 49 PatG). Sie erhalten quasi ein Prüfsiegel und somit eine gewisse

Sicherheit, dass Ihr Patent im Ernstfall rechtsbeständig ist und ein potenzieller Verletzer dieses nicht so leicht zu Fall bringen kann.

Die maximale Schutzdauer eines Patents beträgt 20 Jahre, gerechnet vom Tag seiner Anmeldung (§ 16 PatG). Um ein Patent jedoch über diesen Zeitraum hinweg nicht untergehen zu lassen, müssen Sie in Europa bei der jeweils zuständigen Behörde jährlich Gebühren fristgerecht einzahlen (§ 17 PatG). Diese Jahresgebühren steigen mit zunehmender Lebensdauer eines Patents an.

Anmeldewege

Wenn Sie Produkte in Deutschland durch ein Patent schützen lassen wollen, kommen drei Anmeldewege in Betracht. Sie haben die Wahl zwischen einer

- nationalen deutschen Anmeldung,
- regionalen europäischen Anmeldung oder einer
- internationalen Anmeldung

auf der Grundlage des Patent Cooperation Treaty (PCT).

Diese drei Anmeldewege haben jeweils ihre Vor- und Nachteile und können miteinander verknüpft werden.

Patentanmeldungen in Deutschland

Deutsche Patentanmeldungen werden beim DPMA eingereicht (§ 34 PatG).

Die Anmeldeunterlagen sollten umfassen:

1. einen Antrag
2. die eigentliche Anmeldung, in der Sie die Erfindung beschreiben

Für den Antrag hält das Amt online (www.dpma.de) Antragsformulare bereit. In diesem Antrag müssen Sie angeben, ob Sie eine Recherche oder die Prüfung der Anmeldung beantragen wollen.

Anträge kosten Gebühren. Bis zu sieben Jahren nach Ihrer Erfindung können Sie den Prüfungsantrag stellen. Allerdings liegt Ihre Erfindung zunächst „auf Eis“, wenn Sie den Prüfungsantrag nicht gleich stellen. Der Anmelder kann die Erfindung veröffentlichen, muss sich jedoch noch nicht mit der Schutzfähigkeit seiner Erfindung befassen und kann so Zeitaufwand und Kosten zeitlich hinausschieben. Nachteilig ist natürlich, dass man aus der Anmeldung heraus nicht wirksam gegen potenzielle Verletzer vorgehen kann.

Wichtig: Nach dem Eingang der Anmeldung beim Amt kann man diese zwar noch verändern, jedoch nicht mehr um weitere Merkmale ergänzen (§ 38 PatG).

Das Amt veröffentlicht Patentanmeldungen unabhängig vom Anmeldeweg 18 Monate nach dem ersten Anmeldetag der Erfindung (§ 32 Abs. 1 Nr. 1 PatG). Näheres zur „ersten Anmeldung" sehen wir uns im Abschnitt zur Priorität an. Vor dem Ablauf dieser 18 Monate können Dritte die Anmeldung beim Patentamt nicht einsehen. Das Amt informiert Wettbewerber auch auf gezielte Nachfrage hin nicht über den Inhalt der Anmeldungen. Der Anmelder soll in diesen 18 Monaten in aller Ruhe Vorbereitungen für eine Nutzung der Erfindung treffen können.

Mit Stellung des Prüfungsantrags setzen Sie das Prüfungsverfahren in Gang. Ein der Anmeldung zugeordneter Prüfer recherchiert den Stand der Technik und erlässt in der Regel einen ersten Prüfungsbescheid. In diesem ersten Prüfungsbescheid weist der Prüfer auf den von ihm recherchierten Stand der Technik hin und teilt Ihnen seine Auffassung über die Patentfähigkeit mit. Hierzu können Sie innerhalb einer vom Amt gesetzten Frist Stellung nehmen. Hält der Prüfer die Erfindung für patentfähig, muss er nur noch formelle Änderungen in der Anmeldung vornehmen und den recherchierten Stand der Technik in der Anmeldung würdigen. Oft erhalten Sie jedoch einen negativen Bescheid, in dem detailliert ausgeführt ist, warum das Amt die beanspruchte Eintragung nicht vornehmen kann. Sie können die beanspruchte Erfindung dann im Rahmen der ursprünglichen Offenbarung ändern. Das heißt beispielsweise, dass Sie den vom Prüfer beanstandeten unabhängigen Patentanspruch ändern, indem Sie diesem ein Merkmal hinzufügen. Dieses Merkmal muss in der ursprünglichen Anmeldung jedoch beschrieben sein.

Beispiel:

Ein Auto mit Anker ist Gegenstand des unabhängigen Anspruchs einer Anmeldung. Der Prüfer findet ein Buch aus dem Jahr 1966, in dem als künstlerischer Beitrag ein Auto mit einem Schiffsanker bildlich dargestellt ist, woraufhin er im ersten Prüfungsbescheid mit der Zurückweisung der Anmeldung droht. Die Erfindung wäre nicht mehr neu. Der Anmelder könnte nun die beanspruchte Erfindung beschränken, indem er nicht mehr ein Auto mit einem allgemeinen, sondern mit einem besonderen Anker beansprucht, der für Autos besonders geeignet ist. Der neue Anspruch könnte beispielsweise lauten: „Auto mit Anker, wobei der Anker eine ausklappbare längsbeweglich geführte Stange mit Abstützfuß und einen Antrieb zum Ausfahren der Stange aufweist." Diese Beschränkung ist jedoch nur zulässig, wenn er einen solchen Anker in den ursprünglichen Unterlagen bereits beschrieben hat.

Reichen Sie eine geänderte Anmeldefassung fristgerecht beim Amt ein, bewertet der Prüfer die Anmeldung neu. Er kann auch noch weiter recherchieren und einen neu gefundenen Stand der Technik präsentieren. Es kann dann ein zweiter oder sogar ein dritter Prüfungsbescheid ergehen, zu dem Sie jeweils Stellung nehmen können. Am Ende des Prüfungsverfahrens ergeht ein Beschluss, das heißt die Patenterteilung oder Zurückweisung der Anmeldung.

Im Fall einer Patenterteilung veröffentlicht das Amt eine Patentschrift (sog. C-Schrift – § 32 Abs. 1 Nr. 2 PatG).

Dritte haben nun neun Monate Zeit, Einspruch gegen das frisch erteilte Patent einzulegen (§ 59 PatG). Das Einspruchsverfahren findet vor einer gebildeten Patentabteilung des DPMA statt. Mit der Veröffentlichung der Patenterteilung können Sie Ihr Patent endlich wirksam einsetzen, das heißt Dritten die Nutzung Ihrer Erfindung verbieten (§ 9 PatG). Schadensersatzansprüche könnten Ihnen jedoch bereits ab der Veröffentlichung der Anmeldung (sog. A-Schrift) zustehen.

Europäische Patentanmeldungen

Europäische Patentanmeldungen können Sie aufgrund des Europäischen Patentübereinkommens (EPÜ) beim Europäischen Patentamt einreichen. Das EPÜ ist ein auch von allen Mitgliedstaaten der Europäischen Union (EU) beschlossener internationaler Vertrag, durch den die Mitgliedstaaten Hoheitsrechte an eine durch das EPÜ geschaffene Behörde abtreten.

Das Europäische Patentamt ist daher ermächtigt, Patente für alle Mitgliedstaaten des EPÜ zu erteilen. Diese europäischen Patente entfalten in den von Ihnen ausgewählten Mitgliedstaaten die gleiche Wirkung wie national erteilte Patente (Art. 64 EPÜ). Es ist durch das EPÜ somit möglich, mit nur einem zentralen Prüfungsverfahren in allen Mitgliedstaaten ein Patent zu erlangen.

Vor der Einführung des EPÜ mussten Patentanmelder mehrere parallele Prüfungsverfahren in Gang setzen. Für einen parallelen Patentschutz in Deutschland, Frankreich und Italien musste früher eine Anmeldung in Deutschland, eine Anmeldung in Frankreich und eine Anmeldung in Italien hinterlegt werden. Patentanmelder erhielten dann natürlich zeitversetzt Prüfungsbescheide in Deutschland auf Deutsch, in Frankreich auf Französisch und einen weiteren italienischen Prüfungsbescheid.

Auch im europäischen Ausland waren sie zudem gezwungen, sich durch einen vor dem jeweiligen Amt zugelassenen Vertreter vertreten zu lassen. Die Prüfbescheide konnten auf unterschiedlichem Stand der Technik basieren und die Prüfer konnten unterschiedlicher Ansicht sein. So konnte beispielsweise das Amt in Italien ein Patent erteilen, das Amt in Deutschland konnte die parallele Anmeldung jedoch zurückweisen.

Das EPÜ hat diese Verfahren nun zentral vor dem Europäischen Patentamt zusammengeführt und insofern das Erteilungsverfahren „erfinderfreundlich" vereinfacht.

Die genannten Vorteile des EPÜ bleiben jedoch immer noch auf das Erteilungsverfahren beschränkt. Nach der Erteilung eines europäischen Patents durch das Europäische Patentamt zerfällt dieses in ein Bündel nationaler Patente. Der Anmelder muss anschließend das europäische Patent in die gewünschten Mitgliedstaaten aufwendig überführen oder – in juristischen Worten – in diese Staaten „validieren". Die in den Mitgliedstaaten validierten Patente behandeln dann die jeweiligen Ämter so, als wären sie ein national erteiltes Patent, das keine Verknüpfung zu den anderen parallel validierten Patenten hat.

Wegen Verletzung eines in Frankreich validierten europäischen Patents müssten Sie beispielsweise vor einem französischen Zivilgericht klagen. Für die Verletzung des gleichen europäischen Patents mit Wirkung in Deutschland wäre hingegen ein deutsches Gericht zuständig. Die Urteile der Verletzungsgerichte entfalten nur in dem Rechtsraum des jeweiligen Mitgliedstaats Wirkung. Ein zentraler Angriff des europäischen Patents ist nach Ablauf der neunmonatigen Einspruchsfrist ebenfalls nicht mehr möglich. Vielmehr müssten Sie dann eine Nichtigkeitsklage in jedem Mitgliedstaat einzeln erheben.

Nach der zentralen Erteilung des europäischen Patents hat man demnach leider wieder den europäischen Flickenteppich.

Um dem abzuhelfen, versuchen Politiker und Juristen seit Jahren, ein sogenanntes europäisches Einheitspatent einzuführen. Das Einheitspatent soll dann zentral mit Wirkung in allen Mitgliedstaaten durchsetzbar und zentral angreifbar sein. Danach wäre nur ein einziges Verletzungsverfahren und ggf. ein einziges Nichtigkeitsverfahren durchzufechten.

Bislang scheiterte das Einheitspatent an der Sprachenregelung. Einen Lichtblick gibt es aber seit Kurzem: Zwei EU-Verordnungen zum besagten Einheitspatent stehen sozusagen parat, sobald wenigstens 13 Mitgliedstaaten der EU, darunter Deutschland, Frankreich und das Vereinigte Königreich, einen Vertragsentwurf zur Einführung eines einheitlichen Patentgerichts ratifiziert haben.

Das europäische Patentsystem ist bisher nur insoweit mit der EU verknüpft, als alle EU-Staaten auch Mitgliedstaaten des EPÜ sind. Dem EPÜ beigetreten sind jedoch auch Länder wie die Schweiz, die Türkei und Norwegen, die keine EU-Staaten sind. Das Einheitspatent wird somit nicht automatisch in allen Mitgliedstaaten des EPÜ Wirkung entfalten. In diesen Ländern können Sie jedoch im Fall einer Erteilung ein europäisches „Bündelpatent“ erhalten, das neben dem Einheitspatent besteht.

Falls Sie das europäische Patentverfahren näher interessiert, empfehlen wir Ihnen den vom Europäischen Patentamt (EPA) bereitgestellten Leitfaden für Anmelder: http://www.epo.org/applying/european/Guide-for-applicants_de.html

Das europäische Erteilungsverfahren

Jeder Anmelder kann für europäische Anmeldungen seine Muttersprache benutzen. Innerhalb einer Frist von zwei Monaten ab dem Anmeldetag ist jedoch eine Übersetzung in eine der Amtssprachen des EPA, das heißt in Deutsch, Englisch oder Französisch, zu hinterlegen (Art. 14; R. 6 EPÜ). Das EPA wird sich im weiteren Verlauf des Verfahrens der gewählten Amtssprache bedienen. Der Anmelder darf von der einen auf die andere Amtssprache beliebig umschwenken (R. 3 EPÜ).

Das europäische Erteilungsverfahren ist zweistufig aufgebaut. Auf jeder Stufe sind Gebühren fällig:

- Stufe 1: Mit dem Einreichen der Anmeldung sind zunächst die Anmelde- und Recherchengebühr zu entrichten (Art. 78 Abs. 2 EPÜ). Je nach Belastung der jeweiligen Prüfungsabteilung erhalten Sie nach ein paar Monaten einen Recherchenbericht sowie eine Stellungnahme zur Patentierbarkeit. 18 Monate nach dem Anmelde- oder Prioritätstag (dazu später mehr) veröffentlicht das Amt die Patentanmeldung zusammen mit dem Recherchenbericht, jedoch ohne Stellungnahme zur Patentfähigkeit (A-Schrift – Art. 92; 93 EPÜ).
- Stufe 2: Innerhalb von sechs Monaten ab der Veröffentlichung des Recherchenberichts (R. 70 EPÜ) können Sie die zweite Stufe des Erteilungsverfahrens durch Zahlung weiterer Gebühren und insbesondere einer Prüfungsgebühr in Höhe von derzeit 1.620 Euro anstoßen. Danach setzt das Amt das Erteilungsverfahren fort. Die Entscheidung über diese Fortsetzung treffen Sie jedoch selbst, weil Sie aufgrund des Recherchenberichts und der Stellungnahme zur Patentierbarkeit um die Erfolgschancen Ihrer Anmeldung wissen.

Haben Sie die zweite Stufe, das Prüfungsverfahren, in Gang gesetzt, müssen Sie auf den Recherchenbericht und die Stellungnahme reagieren (R 70a EPÜ). Damit starten Sie das eigentliche Prüfungsverfahren, das ähnlich abläuft wie das deutsche.

Kommt die Prüfungsabteilung zu der Auffassung, dass die Patentierungsvoraussetzungen erfüllt sind, kann das Amt ein europäisches Patent erteilen (Art. 97 Abs. 1 EPÜ).

Nach Veröffentlichung der Patentschrift (B-Schrift) können Dritte innerhalb von neun Monaten Einspruch gegen Ihr Patent einlegen (Art. 99 EPÜ).

Validierung

Nach der Erteilung müssen Sie das europäische Patent in den Ländern validieren (zur Geltung anmelden), in denen es Wirkung entfalten soll. Das Validierungsverfahren ist kompliziert und kann je nach Länderpalette kostenintensiv sein.

Die Vorschriften für die Validierung unterscheiden sich von Land zu Land. Einige Mitgliedstaaten fordern eine vollständige Übersetzung der europäischen Anmeldung in die Landessprache, andere geben sich mit einer Übersetzung der Ansprüche zufrieden. Eine weitere Gruppe von Ländern verlangen neben der Übersetzung der Ansprüche in ihre Landessprache eine Übersetzung der Beschreibung ins Englische, wenn das Patent in deutscher oder französischer Sprache veröffentlicht ist. Deutschland, das Vereinigte Königreich, Frankreich, die Schweiz, Luxemburg und Monaco haben auf Übersetzungen vollständig verzichtet. Daneben können von Land zu Land unterschiedliche Gebühren zu zahlen sein.

Kommt man den von den Ländern zur Validierung aufgestellten Erfordernissen nicht fristgerecht nach, verliert das europäische Patent in diesen Ländern seine Wirkung. Darüber hinaus sollten Sie beachten, dass die Jahresgebühren, die bis zur Erteilung des europäischen Patents zentral angefallen und beim EPA einzuzahlen waren, nun an die nationalen Patentämter zu zahlen sind.

Daher müssen Sie nach der Erteilung Ihres europäischen Patents eine Entscheidung treffen und die Kosten der Validierung mit dem damit verbundenen Nutzen abwägen. Sie sollten sich hierbei die Frage stellen, wo Sie den Schutz wirklich benötigen. In manchen Fällen könnte ein Patent in Deutschland, Frankreich und dem Vereinigten Königreich reichen, um den Wettbewerber davon abzuhalten, ein das Patent verletzendes Produkt in Gesamt-Europa einzuführen, da er das Produkt in den drei wichtigsten europäischen Märkten nicht anbieten könnte.

Im Hinblick auf die vielen unterschiedlichen Regelungen und Vorschriften, die zu beachten sind, sollten Sie sich Rat holen.

Internationale Patentanmeldungen nach dem Patent Cooperation Treaty

Internationale Patentanmeldungen sind seit der Einführung des sogenannten Patent Cooperation Treaty (PCT) möglich, einem internationalen Abkommen, dem fast alle wirtschaftlich bedeutsamen Staaten beigetreten sind. Noch nicht dabei sind unter anderem Argentinien und Taiwan.

Im Gegensatz zum EPÜ haben die Mitgliedstaaten des PCT keine Hoheitsrechte an die World Intellectual Property Organization (WIPO) in Genf abgetreten.

Somit gibt es kein internationales Patentamt, das internationale Patente mit weltweiter Gültigkeit erteilen kann. Am Ende des PCT-Weges stehen die nationalen Patentämter. Sie erteilen ein nationales Patent oder weisen die Anmeldung zurück.

Nun kann man sich mit Recht die Frage stellen, welchen Vorteil der PCT eigentlich mit sich bringen soll. Am Ende landet man wieder vor den nationalen Ämtern. Die Antwort auf diese Frage ist, dass Sie durch den PCT eine Möglichkeit erhalten, die Zahlung hoher Kosten zeitlich hinauszuzögern, um die Entscheidung hierüber sattelfester treffen zu können. Mit der Zahlung von derzeit etwa 3.000 Euro an zusätzlichen Amtsgebühren zum Starten einer PCT-Anmeldung können Sie die Hauptkosten einer weltweiten Anmeldung um 18 Monate oder um 30 Monate verzögern. In dieser Zeit können Sie den wirtschaftlichen Erfolg Ihrer Erfindung weiter ausloten. Sie erhalten zudem mit dem internationalen Recherchenbericht eine Stellungnahme zur Patentfähigkeit Ihrer Erfindung.

Das nationale Anmelden der gleichen Erfindung in mehreren Staaten, beispielsweise in den USA, China, Japan, Indien und Deutschland, würde zu parallelen, unabhängig voneinander verlaufenden Erteilungsverfahren in unterschiedlichen Sprachen mit unterschiedlichen Prüfungsbescheiden führen. Da die meisten Länder erwarten, dass Sie eine nationale Anmeldung in der Landessprache einreichen, fallen neben den jeweiligen nationalen Amtsgebühren Übersetzungskosten an. Schließlich kommen die Gebühren der sogenannten Korrespondenzanwälte hinzu.

Sofern Sie sich gegen eine PCT-Anmeldung entscheiden, fallen diese Kosten zu Beginn der parallel laufenden nationalen Erteilungsverfahren an. In diesem Fall wäre ein bereits kurz nach der Anmeldung gefundenes tödliches Dokument, das die Erfindung eindeutig vorwegnimmt, ein Ärgernis. Darüber hinaus ist es unerfreulich, wenn sich kurz nach einer kostenintensiven Anmeldung herausstellt, dass Ihre Erfindung gar nicht funktioniert und Sie sie wirtschaftlich nicht nutzen können.

Eine PCT-Anmeldung verläuft in zwei Phasen:

- Phase 1: Am Anfang steht die relativ kostengünstige internationale Phase mit einer Dauer von 18 oder 30 Monaten. In der internationalen Phase müssen Sie sich mit nur einer einzigen Anmeldung auseinandersetzen.

- Phase 2: Erst an diese internationale Phase schließen sich die in Summe teuren nationalen Phasen an.

Die PCT-Anmeldung können Sie bei einem nationalen Anmeldeamt, beispielsweise dem DPMA, einreichen (Art. 10 PCT). Mit dem Eingang der Anmeldung beim Anmeldeamt setzen Sie die internationale Phase in Gang. Das Anmeldeamt sendet die Anmeldeunterlagen an die WIPO in Genf und an die zuständige internationale Recherchenbehörde (ISA) (Art. 12 PCT).

Für Anmelder aus Deutschland ist das Europäische Patentamt als internationale Recherchenbehörde selbst zuständig. Die ISA bzw. die Abteilung des Europäischen Patentamts als ISA führt eine Recherche durch (Art. 15 PCT) und sendet diese zusammen mit einer vorläufigen Stellungnahme zur Patentfähigkeit an den Anmelder. 18 Monate nach ihrem Prioritäts- oder Anmeldetag wird die PCT-Anmeldung zusammen mit dem Recherchenbericht veröffentlicht (Art. 21 PCT).

Das Beanspruchen einer Priorität (Art. 8 PCT) und die rechtlichen Folgen sehen wir uns später genauer an.

Darüber hinaus können Sie in der internationalen Phase eine internationale vorläufige Prüfung der Anmeldung beantragen (Art. 31 ff. PCT). So erhalten Sie die Möglichkeit, neben den Ansprüchen auch die Beschreibung der Anmeldung so zu ändern, dass ein vorläufiger internationaler Prüfungsbescheid positiv ausfällt. Die Patentämter der danach folgenden nationalen Phasen sollen sich, so die Idee, an dem vorläufigen internationalen Prüfungsbericht orientieren.

Das ist in der Praxis jedoch selten der Fall. Die nationalen Patentämter führen in der Regel ihre eigene Recherche durch und bewerten die Patentfähigkeit unabhängig vom Ergebnis irgendeiner internationalen Recherchebehörde.

Ein Antrag auf vorläufige internationale Prüfung kommt daher in der heutigen Praxis nur noch selten vor.

Am Ende der internationalen Phase müssen Sie bestimmen, in welche Länder Sie Ihre bislang zentrale Anmeldung überführen möchten. Die damit verbundenen Kosten variieren von Land zu Land und umfassen jeweils Übersetzungskosten, Amtsgebühren und das Honorar des zu beauftragenden Korrespondenzanwalts. Je mehr Länder Sie auswählen, desto teurer wird es. Auch welche Länder Sie ausgewählt haben, entscheidet über die Kosten. Das Einleiten der nationalen Phase in Japan beispielsweise ist etwa dreimal so teuer wie das Einleiten der nationalen Phase in Indien.

Sie können nicht nur einzelne Länder national bestimmen, sondern auch Regionen, wie beispielsweise alle Mitgliedsländer des EPÜ. Aus einer PCT-Anmeldung kann somit auch eine europäische Patentanmeldung hervorgehen, die dann als „Euro-PCT-Anmeldung" bezeichnet wird.

Zum Verlauf einer PCT-Anmeldung folgendes Beispiel:

Beispiel:

Die Kux KG erhält von ihrem angestellten Erfinder Rainer Bommel eine Erfindungsmeldung, in der eine vielversprechende Erfindung beschrieben ist. Die Kux KG ist von der Erfindung begeistert und überlegt, diese in einem neuen Produkt zu nutzen. Die Entwicklung dieses neuen Produkts startet. Die Kux KG ist sich jetzt jedoch noch nicht sicher, welche Länder das neue Produkt überhaupt zulassen werden. Das Unternehmen beauftragt deshalb Patentanwalt Rabe, eine PCT-Anmeldung beim Europäischen Patentamt einzureichen. Damit sind zunächst alle wichtigen Märkte abgedeckt.

Die Kux KG erhält nach ein paar Monaten einen Recherchenbericht sowie eine amtliche Stellungnahme zur Patentfähigkeit der ISA: Der Erfindung stehen drei Dokumente entgegen.

Patentanwalt Rabe erklärt, dass die derzeitige Definition der Erfindung (Anspruch 1) wohl nicht zu halten sei. Aus patentrechtlicher Sicht könnte die Kux KG die nationalen Phasen jedoch einleiten, da die ISA eine weiter eingeengte Definition der Erfindung (Anspruch 2) als patentfähig eingestuft hat. Die Kux KG stellt fest, dass der so verkleinerte Schutzbereich den mittlerweile fast fertiggestellten Prototyp noch erfasst. Da sich herausgestellt hat, dass dieser Prototyp den strengen Vorschriften in Korea und Russland nicht entspricht, beschließt die Kux KG, die Anmeldung nicht in Korea und Russland, sondern nur in Europa, USA, China und Japan weiterzuführen und investiert die dafür erforderlichen Kosten.

Verlauf einer PCT-Anmeldung mit internationaler Phase und anschließenden nationalen Phasen

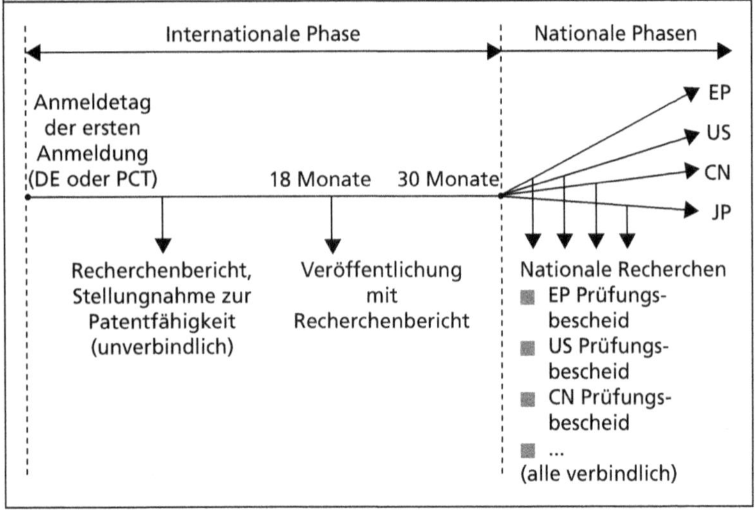

Praxis-Tipp:

Nähere Informationen zum PCT-Verfahren finden Interessierte unter: http://www.wipo.int/portal/en/

Erstanmeldungen, Nachanmeldungen und Priorität

Vor der Einführung des PCT und des EPÜ stand Anmeldern nur der nationale Weg zur Verfügung. Um nach einer Erstanmeldung in einem Land den Schutz der Erfindung auch in anderen Ländern zu ermöglichen, hatte man sich bereits 1883 auf die sogenannte Pariser Verbandübereinkunft (PVÜ) geeinigt, die bis heute gilt. Für Sie bedeutet das: Wenn Sie in Deutschland Ihre Erfindung anmelden (Erstanmeldung), können Sie sich im Ausland bei weiteren Anmeldungen (Nachanmeldung) auf Ihre Erstanmeldung in Deutschland berufen und damit „Priorität" geltend machen.

Das heißt: Bei der Anmeldung Ihrer Erfindung in Frankreich können Sie die Priorität Ihrer deutschen Anmeldung beanspruchen, wenn diese die gleiche Erfindung zum Gegenstand hat. Das hat allerdings zur Folge, dass die Behörde der späteren Nachanmeldung in Frankreich den gleichen Stand der Technik annimmt wie bei der deutschen Erstanmeldung. Die Nachanmeldung wird demnach hinsichtlich der Patentfähigkeit so behandelt, als ob sie zeitgleich mit der Erstanmeldung eingereicht worden wäre.

Veröffentlichungen nach dem Anmeldetag der Erstanmeldung berücksichtigt die Behörde auch dann nicht, wenn sie vor dem Anmeldetag der Nachanmeldung geschehen sind.

Die Priorität kann jedoch nur innerhalb eines Zeitraums von einem Jahr, gerechnet ab dem Anmeldetag der ersten Anmeldung, beansprucht werden. Dieses Jahr nennen die Juristen auch Prioritätsjahr.

Beispiel:

Meldet die Kux KG eine Erstanmeldung am 01.05.2015 in Deutschland an, kann sie die Priorität dieser deutschen Anmeldung beanspruchen, wenn sie die gleiche Erfindung bis zum 30.04.2016 in Argentinien oder Taiwan zum Patent anmeldet. Der argentinische Prüfer wird Dokumente, die nach dem 01.05.2015 veröffentlicht sind, bei der Prüfung der Patentfähigkeit nicht berücksichtigen.

Viele Anmelder reichen ihre Erfindungen zunächst im Inland ein und hoffen, dass das dortige Patentamt einen Prüfungsbescheid innerhalb des Prioritätsjahres erstellt.

Fällt der Prüfungsbescheid grundsätzlich positiv aus, können in der verbleibenden Zeit des Prioritätsjahres die notwendigen Vorbereitungen für Nachanmeldungen getroffen werden, insbesondere Übersetzungen in Auftrag zu geben und die Korrespondenzanwälte der Nachanmeldeländer zu beauftragen, die Übersetzung fristgerecht einzureichen.

Die Priorität einer Erstanmeldung können Sie auch von einer europäischen Patentanmeldung (Art. 87-89 EPÜ) oder einer PCT-Anmeldung (Art. 8 PCT) beanspruchen. In letzterem Fall beginnt die wenigstens 30 Monate währende internationale Phase am Prioritätstag.

Beispiel:

Meldet die Kux KG am 01.05.2015 eine nationale Erstanmeldung in Deutschland und am 30.04.2016 eine PCT-Anmeldung an, die die Priorität der deutschen Erstanmeldung in Anspruch nimmt, endet die internationale Phase der PCT-Anmeldung am 01.11.2017. Die nationale Phase in den USA muss somit bis zum 01.11.2017 eingeleitet sein. Anderenfalls kann die PCT-Anmeldung dort keine Wirkung entfalten.

Das DPMA bemüht sich nach Kräften, den deutschen Prüfungsbescheid möglichst schnell und innerhalb des Prioritätsjahres zu erstellen, was in der Regel auch gelingt. Daher beschreiten viele den Weg einer deutschen Erstanmeldung. Die amtlichen Gebühren für eine deutsche Patentanmeldung, einschließlich Prüfung auf Patentfähigkeit, liegen derzeit bei etwa 400 Euro.

Vor Ablauf des Prioritätsjahres müssen Sie entscheiden, ob Sie die Erfindung auch in anderen Ländern schützen lassen wollen. Sie müssen wenigstens eine Nachanmeldung einreichen, die die Priorität der Erstanmeldung beansprucht. Die Nachanmeldung kann eine nationale, eine europäische oder eine PCT-Anmeldung sein.

Sie können die hier grob skizzierten Anmeldewege also munter miteinander kombinieren. Das erhöht einerseits Ihre Flexibilität, macht jedoch andererseits die Entscheidung über die „richtige" Vorgehensweise schwieriger.

Ob Sie nach einer deutschen Erstanmeldung mit positivem Prüfungsergebnis am besten eine PCT-Anmeldung einreichen oder gleich in die nationalen Verfahren springen, sollten Sie auf der Grundlage einer zuvor festgelegten Patentstrategie entscheiden und im Vorfeld folgende Fragen klären:

- Wie lange können Sie Ihr Produkt, das die Erfindung nutzt, verkaufen?
- Wo liegen die wichtigsten Zukunftsmärkte?
- Wo stellt Ihr Wettbewerber in Zukunft Produkte her, die Ihr Schutzrecht verletzen könnten?
- Wo lassen sich Patente überhaupt durchsetzen?
- Haben Sie bereits ausreichend Schutzrechte in diesem Bereich?

- Wie hoch werden Ihre Umsätze sein?
- Kann Ihre Erfindung leicht umgangen werden?
- Ist Ihr Wettbewerberumfeld aggressiv?
- Wie viele Patente haben Ihre Wettbewerber?
- Wo melden diese ihre Patente an?
- Können Sie die Verletzung ihrer geschützten Erfindung überhaupt nachweisen?

Gegenüberstellung der Anmeldewege und deren grob geschätzter Dauer

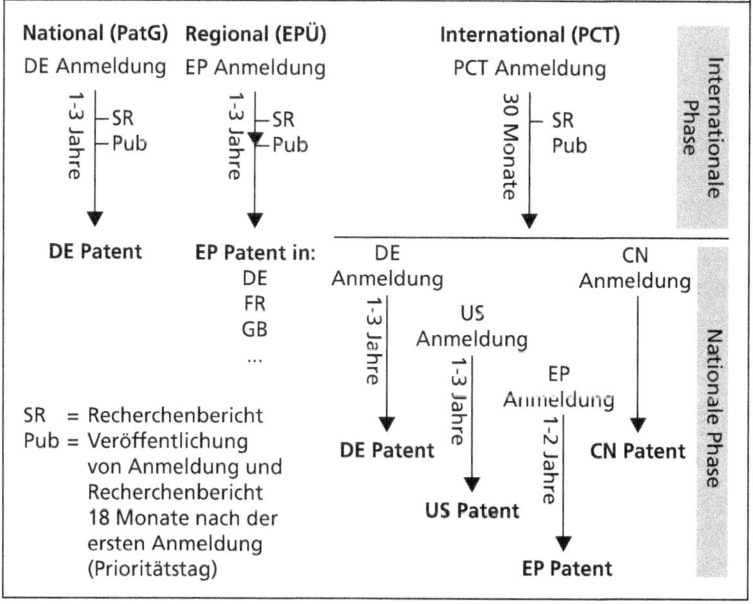

Gebrauchsmuster

Gebrauchsmuster sind technische Schutzrechte, die aber – anders als das Patent – nicht von einer Behörde geprüft sind. Auch Recherchen zum Stand der Technik führt die Behörde nicht durch. Die Anmeldebehörde prüft lediglich den Eingang und das Einhalten von Formalien (z. B. des Antrags).

Liegen keine formalen Mängel vor, trägt das DPMA das Gebrauchsmuster in der Regel nach etwa drei Monaten in das Gebrauchsmusterregister ein und veröffentlicht die Eintragung (§ 8 GebrMG).

Ab der Eintragung hat es die gleiche Wirkung wie ein Patent (§ 11 GebrMG). Sie können als Inhaber eines Gebrauchsmusters Dritten die Benutzung der im Gebrauchsmuster beanspruchten Erfindung untersagen. Voraussetzung (§ 1 GebrMG) hierfür ist jedoch, dass das Gebrauchsmuster auch „rechtsbeständig" ist, das heißt, dass die Erfindung

- „gewerblich anwendbar" und
- neu ist sowie
- einen erfinderischen Schritt aufweist.

Diese Voraussetzungen prüft das Gericht im Fall einer Klage, einem sogenannten Verletzungsverfahren. Verklagen Sie aus Ihrem Gebrauchsmuster heraus einen potenziellen Verletzer, wird das Verletzungsgericht die von diesem in der Regel angezweifelte Schutzfähigkeit Ihres Gebrauchsmusters überprüfen.

Wichtig: Bei Patenten prüft das Gericht das nicht! In Deutschland gehen die Verletzungsgerichte von der Schutzfähigkeit eines Patents aus. Der wegen einer vermeintlichen Patentverletzung Verklagte muss demnach das Patent als „gegeben" hinnehmen. Er wird sich aber möglicherweise wehren, indem er ein vom Verletzungsverfahren getrenntes sogenanntes Nichtigkeitsverfahren einleitet.

Patentnichtigkeits- und Patentverletzungsverfahren laufen in Deutschland dann parallel, aber unabhängig voneinander. Ein Patent verleiht seinem Inhaber somit größere Sicherheit als ein Gebrauchsmuster. Allerdings haben Gebrauchsmuster mit einer Höchstlebensdauer von zehn Jahren eine maximal nur halb so lange Haltbarkeit wie Patente (§ 23 GebrMG).

Um das Gebrauchsmuster aufrechtzuerhalten, muss jedoch nicht jedes Jahr eine Gebühr bezahlt werden, sondern die Gebühr deckt anfangs direkt mehrere Jahre ab.

Ein weiterer wichtiger Unterschied zum Patent ist, dass Sie Ihre selbst erfundenen „Verfahren", zum Beispiel eine Destilliermethode für Kräuterlikör, nicht als Gebrauchsmuster schützen lassen können.

Methoden („Verfahren") können nur als Patent angemeldet werden (§ 2 Abs. 1 Nr. 3 GebrMG).

Der Stand der Technik umfasst bei einem Gebrauchsmuster wie bei einem Patent alle gedruckten Veröffentlichungen weltweit. Öffentliche Benutzungen gelten jedoch nur dann als Stand der Technik, wenn die Benutzung in Deutschland stattgefunden hat. Der Stand der Technik ist daher bei einem Gebrauchsmuster gegenüber dem eines Patents eingeschränkt (§ 3 Abs. 1 GebrMG).

Ein Vorteil, den man bei einer Gebrauchsmusteranmeldung in Deutschland nutzen kann, besteht in der sogenannten Neuheitsschonfrist, die der Gesetzgeber gegenüber eigenen Veröffentlichungen eingeräumt hat (§ 3 Abs. 1 GebrMG). Eigene Veröffentlichungen gehören nicht zum Stand der Technik, wenn diese auf Veröffentlichungen des Erfinders oder seines Rechtsnachfolgers (z. B. eines Erben) beruhen.

Eine in manchen Fällen nützliche Möglichkeit, Gebrauchsmusterschutz zu erhalten, besteht in der sogenannten Abzweigung, die in § 5 GebrMG geregelt ist. Demnach können Sie aus einem bereits angemeldeten Patent ein Gebrauchsmuster „abzweigen", indem Sie mit der Gebrauchsmusteranmeldung eine entsprechende Erklärung abgeben. Für das Gebrauchsmuster gelten dann der Anmeldetag und die Priorität der früheren Patentanmeldung. Allerdings muss die Abzweigung innerhalb von zwei Monaten ab dem Ende des Monats erfolgen, in dem die Patentanmeldung erledigt oder ein etwaiges Einspruchsverfahren des Patents abgeschlossen ist. Hierbei ist natürlich wieder die maximale Lebensdauer von zehn Jahren für Gebrauchsmuster zu beachten.

Die Eintragung des Gebrauchsmusters ins Register dauert nur wenige Monate, ab dann ist es ein „scharfes Schwert".

Ob ein wirksames Gebrauchsmuster besteht („Rechtsbeständigkeit"), kann anhand des Prüfungsbescheids im parallelen Patentverfahren vor einer Klage abgeschätzt werden.

Das Anmelden eines Gebrauchsmusters ermöglicht daher dem Anmelder seine Produkte schnell zu schützen. Das Gebrauchsmuster ist weiterhin kostengünstig. Insbesondere ist es bei unbedachten eigenen Veröffentlichungen der Erfindung der einzige Weg, die Erfindung doch noch zu schützen.

Urheberrecht und Designrecht

Schutz für kreative Leistungen

Für kreative Leistungen sieht der Gesetzgeber zwei verschiedene Schutzrechte vor, nämlich das Urheberrecht sowie das Design- oder Geschmacksmusterrecht.

Als Urheberrecht ist eine persönliche geistige Schöpfung (§ 2 Abs. 2 UrhG) und damit ein hoher Grad an Individualität geschützt, während das Designrecht eine neue eigenartige Gestaltung (§ 2 DesignG) absichert. Die verwandten Schutzrechte (§§ 70 ff. UrhG) schützen eine unternehmerische Leistung bei der Darbietung von Werken.

Das deutsche Urheberrecht

„Die Urheber von Werken der Literatur, Wissenschaft und Kunst genießen für ihre Werke Schutz nach Maßgabe" (§ 1 UrhG) des Urheberrechtsgesetzes.

Werkarten

Das Gesetz nennt Beispiele für die Werkarten, für die der Urheber Schutz bekommen kann (§ 2 Abs. 1 UrhG), zum Beispiel:

- Sprachwerke, das heißt Gebrauchsanweisungen, wissenschaftliche Darstellungen, Werbeslogans, Briefe, Verträge, Computerprogramme etc.
- Werke der angewandten Kunst, das heißt Gebrauchsgegenstände, modische Accessoires, Maschinengehäuse, Illustrationen, Logos, Stoffmuster etc.
- Darstellungen wissenschaftlich-technischer Art, wie Zeichnungen, Pläne, Skizzen, Karten, Tabellen etc.

Schutzvoraussetzungen des Urheberrechts („Werkbegriff")

Die Zuordnung zu einer der Werkarten ist aber nicht Voraussetzung für den Urheberrechtsschutz. Entscheidend ist, dass es sich bei dem Gegenstand um eine „persönliche geistige Schöpfung" handelt (§ 2 Abs. 2 UrhG).

Aus diesem Begriff ergeben sich vier Voraussetzungen für den Urheberschutz:

1. geistiger Gehalt
2. persönliches Schaffen
3. wahrnehmbare Formgestaltung
4. schöpferische Eigentümlichkeit

Es bedarf somit weder einer Anmeldung oder Eintragung noch der Fertigstellung oder Veröffentlichung. Es genügt, dass die vier Voraussetzungen erfüllt sind. **2**

1. Geistiger Gehalt

Bei Sprach„werken" (z. B. einem Roman), Computerprogrammen und Darstellungen wissenschaftlich-technischer Art drückt sich der geistige Gehalt in der Gedankenformung und -führung des dargestellten Inhalts und/oder in der besonderen Form und Art der Sammlung, Einteilung und Anordnung des behandelten Stoffes aus.

In einem Roman erzählt der Autor eine Geschichte auf eine bestimmte Art – das sind die Gedanken, die der Urheber formt und führt. In einer Betriebsanleitung ermittelt der Verfasser zunächst die zu behandelnden Teile, das heißt er wählt den zu behandelnden Stoff aus und stellt ihn anschließend in einer ihm logisch erscheinenden Art und Weise dar. Für eine wissenschaftliche Darstellung sucht der Wissenschaftler den Stoff aus und ordnet ihn auf eine besondere Art an, die ihm am besten geeignet erscheint, den angestrebten Zweck zu erreichen. Für eine Tabelle wählt der Verfasser ebenfalls die relevanten Daten aus und ordnet sie so an, dass der Leser die gewünschten Informationen entnehmen kann.

Bei Werken der bildenden und angewandten Kunst, das heißt Möbeln, Schmuck, Modeaccessoires sowie bei Werken der Musik, drückt sich der geistige Gehalt in einer Anregung des ästhetischen Gefühls aus. Der Betrachter oder Zuhörer muss das subjektive Urteil „Das ist schön" oder „Das ist hässlich" fällen können. Eine künstlerische Qualität hingegen ist nicht erforderlich.

2. Persönliches Schaffen

Das persönliche Schaffen setzt eine Tätigkeit aus eigener Vorstellungskraft voraus, das heißt eine menschliche Aktivität. Es kommt nicht darauf an, ob der Urheber geschäftsfähig ist – schöpferisch aktiv können ja auch Kinder oder geistig behinderte Menschen sein. Ob der Schöpfer sich eines Hilfsmittels, wie eines Pinsels oder eines Computers bedient, ist ohne Bedeutung. Entscheidend ist, dass ein Mensch das Ergebnis steuert.

3. Wahrnehmbare Formgestaltung

Um das Werk von anderen Werken unterscheiden zu können, muss es mit menschlichen Sinnen wahrnehmbar sein. Einer dauerhaften Fixierung bedarf es nicht, sodass auch eine Stegreifimprovisation eines Jazzmusikers grundsätzlich schutzfähig ist. Freilich setzt die Notwendigkeit des Beweises im Verletzungsfall die Fixierung voraus. Der Schutz bezieht sich auf die konkrete Formgestaltung des jeweiligen Gedankens; Schutzgegenstand ist aber nicht der Gedanke selbst, sondern nur seine Darstellung, denn Gedanken sind frei.

4. Schöpferische Eigentümlichkeit

Mit dieser Voraussetzung will der Gesetzgeber schutzwürdige und nicht schutzwürdige Werke auseinanderhalten.

Das Urheberrecht will die künstlerische Entwicklung und die Auseinandersetzung mit dem bekannten Gedanken und den wissenschaftlichen Entwicklungen nicht behindern, denn weder Form noch Inhalt können durch das Urheberrecht monopolisiert werden. Bestandteile, wie die abstrakte Idee, das allgemeine Motiv, die Neuheit, der Aufwand, die Mühen und Kosten, der Zweck, der bestimmte Stil, die Technik oder die Methode, der benutzte Werkstoff und die allgemeine wissenschaftliche oder technische Lehre können keinen Schutz erlangen. Sie bleiben bei der Beurteilung der Schutzfähigkeit unberücksichtigt.

Die schöpferische Eigentümlichkeit oder – wie es auch heißt – die eigenpersönliche Prägung oder die – ein Begriff, den sich sicher nur Juristen ausdenken können – sogenannte Gestaltungshöhe zu definieren, ist gar nicht so leicht: Maßstab für die Gestaltungshöhe ist, ob und inwiefern das Werk von dem abweicht, was schon bekannt ist (der sog. vorbekannte Formenschatz). Anders gesagt: Der Urheber muss „origineller“ sein als, wie die Rechtsprechung sagt, ein „Durchschnittsgestalter“ mit vergleichbarem Können.

Ob ein Urheber für sein Werk Urheberschutz beanspruchen kann, prüfen Juristen in drei gedanklichen Schritten:

- Feststellung des geistigen Gehalts der Gestaltung
- Vergleich dieser konkreten Gestaltung mit dem vorbekannten Formenschatz
- Weicht die konkrete Gestaltung des zu beurteilenden Werks von dem bekannten Formenschatz so weit ab, dass es urheberschutzwürdig ist? Das heißt: Liegt eine ausreichende Gestaltungshöhe vor? Bei der Würdigung der Gestaltungshöhe gehen die Gerichte heute weder vom Laien noch vom Fachkenner aus, sondern vom Durchschnittskönner.

Die deutschen Gerichte unterscheiden:

- das Können eines Durchschnittsgestalters, die handwerksmäßige, schablonenhafte Allerweltsleistung, die nicht schutzfähig ist
- die urheberrechtsschutzfähige Leistung mit deutlichem „schöpferischen Überragen"

Sie sehen, viele Begriffe, die Juristen benutzen, aber dem Laien nichts sagen. Deshalb werden Sie sich bestimmt oft die Frage stellen, ob die Gestaltung nun den Anforderungen an den Urheberschutz entspricht oder nicht. Wenn auch die Prüfungsschritte und die Voraussetzungen des Urheberschutzes vorgegeben sind, ist die Beantwortung der Frage, ob ein Gegenstand schutzwürdig ist oder nicht, letztlich eine subjektive Entscheidung. Das berücksichtigen unsere Richter natürlich auch und suchen dann, wenn es im Prozess darauf ankommt, nach Indizien, wie gute Verkäuflichkeit oder Preise, die der Schöpfer gewonnen hat, oder die Präsentation in anerkannten Museen.

Wer aber in einem bestimmten Industriebereich tätig ist, weiß meist instinktiv, ob sich eine bestimmte Gestaltung vom Durchschnitt abhebt oder ob es ein Allerweltserzeugnis ist. Der Schmuckhändler beispielsweise erkennt sehr schnell, ob ein Schmuckstück etwas Besonderes oder das Ergebnis einer rein handwerklichen Leistung ist; der Werbefachmann weiß mit einem Blick sofort einzuschätzen, ob die Werbegrafik das „überragt", was der Absolvent eines Grafikstudiums können muss. Das fachmännisch geschulte Auge erkennt meist das Besondere, sodass Ratgeber zumeist nicht nötig sind. Da die Anforderungen an die „schöpferische Eigentümlichkeit" gering sind, ist der Schutz eher zu bejahen als zu verneinen.

In vielen Fällen spricht man von der „kleinen Münze" des Urheberrechts und bezieht dadurch Leistungen in den Schutzbereich des Urheberrechts hinein, die die Durchschnittsleistung nur mit geringem Abstand überragen. Dies heißt aber gleichzeitig, dass die Anforderung für die Erlangung des Urheberschutzes nicht sehr hoch sind.

Praxis-Tipp:

Stellen Sie sich die Frage, ob das eine Allerweltsleistung ist, wie sie von jedem erbracht werden kann, der eine solide Ausbildung in dem betroffenen Gestaltungsbereich durchlaufen hat, oder nicht. Kommen Sie zum Ergebnis, dass das Ergebnis der Leistung etwas Besonderes ist, das vom alltäglichen Schaffen abweicht, dann können Sie die Schutzfähigkeit unterstellen. Wenn Sie sich nicht sicher sind und auch die Rückfrage bei anderen, die sich mit den fraglichen Gestaltungen befassen, zu keinem klaren Ergebnis kommt, dann sollten Sie den Rat eines Fachmanns einholen.

Bearbeitung

Nicht nur das Originalwerk ist geschützt, sondern auch eine Bearbeitung, das heißt eine Umgestaltung oder Übersetzung eines vorhandenen Werks, sofern sie eine persönliche geistige Schöpfung ist (§ 3 UrhG).

Die Bearbeitung grenzen Juristen von der sogenannten freien Benutzung (§ 24 UrhG) ab. Die Verwertung einer Bearbeitung bedarf sowohl der Einwilligung des Originalurhebers des bearbeiteten Werks als auch des Bearbeiters (§ 23 UrhG).

Bei der freien Benutzung hingegen wird nur die Einwilligung des Schöpfers des neuen Werkes benötigt. Nach der Rechtsprechung liegt eine freie Benutzung vor, wenn die „eigenpersönlichen Züge des Originalwerks verblassen", also wenn beim Lesen, Hören oder Sehen das Werk nicht an das Original als Vorlage erinnert.

Sie könnten versucht sein, Ihrem Grafiker oder Designer das Werk eines anderen mit dem Auftrag zu übergeben, er möge doch etwas „Ähnliches schaffen", das aber das Original nicht „nachmachen" soll. In diesem Fall sollten Sie aber bedenken, dass ein solcher Auftrag meist schiefgeht, da der Designer meist kein neues Werk gestaltet, sondern zu stark an dem Vorbild festhält.

Sammelwerk und Datenbank

Auch Sammelwerke und Datenbankwerke sind geschützt. Sammelwerke sind „Sammlungen von Werken oder anderen unabhängigen Elementen, die aufgrund der Auswahl und Anordnung der Elemente eine persönliche geistige Schöpfung sind" (§ 4 Abs. 1 UrhG). Der Gesetzgeber meint damit beispielsweise Sammlungen von Werken verschiedener Autoren (Anthologien), Zeitschriften, Lexika, Kunstausstellungen oder Musikalben.

Datenbankwerke sind definiert als „Sammelwerke, deren Elemente systematisch oder methodisch angeordnet und einzeln mithilfe elektronischer Mittel oder auf andere Weise zugänglich sind, wobei das für die Schaffung und/oder den Zugang erforderliche Computerprogramm nicht hierzu zählt" (§ 4 Abs. 2 UrhG). Solche „Datenbanken" können auch Zettelkästen mit Kochrezepten, Bauanleitungen für Flugzeugmodelle o. Ä. sein, ebenso wie die elektronischen Datenbanken der Patentämter für Patente, Designs und Marken, aber auch Zusammenstellungen chemischer oder mathematischer Formeln, Adressdatenbanken u. Ä.

Sammelwerk und Datenbankwerk sind unabhängig vom Schutz der Daten oder Elemente, also nicht geschützte Bestandteile, bzw. der aufgenommenen Werke geschützt, wenn jeweils in der Auswahl und/oder Anordnung eine persönliche geistige Schöpfung (§ 2 Abs. 2 UrhG) liegt. Die spezifische Auswahl und/oder Anordnung der Bestandteile muss nur individuell sein. Das Gesetz stellt hier keine hohen Anforderungen, es genügt, dass ein anderer zu einer anderen Auswahl oder Anordnung gekommen wäre oder kommen könnte. Der Schöpfer muss somit einen Freiraum für die Gestaltung gehabt und diesen auch genutzt haben. Dieser fehlt beispielsweise bei einem Telefonbuch, da dessen Zweck die alphabetische Anordnung aller Anschlüsse erfordert; anderes kann für ein Branchenbuch gelten.

Verwandte Schutzrechte

Während das Urheberrecht der persönlichen geistigen Schöpfung, das heißt dem Leistungsergebnis, einen besonderen Schutz gewährt, schützen verwandte Schutzrechte, auch Leistungsschutzrechte genannt, individuelle Leistungen, die eine Person mit der Darbietung oder sonstigen Werkvermittlung erbringt. Die wichtigsten:

Lichtbild

Ein selbst geknipstes Foto ist geschützt. Dieser Schutz entspricht dem des urheberrechtlich geschützten „Lichtbildwerks", aber er dauert nicht so lange an (§ 72 UrhG).

Das „Lichtbild" unterscheidet sich vom „Lichtbildwerk" dadurch, dass es keine persönliche geistige Schöpfung voraussetzt. Man könnte auch sagen, es fehlt ein Plan für das Arrangement des Fotos; für einen Urlaubsschnappschuss reicht die bloße technische Leistung, nämlich das Betätigen des Auslösers der Kamera – und ein Bergpanorama oder die Ostsee „arrangiert" der Lichtbildner, wie ihn das Gesetz nennt, ja nicht, bevor er auslöst.

Ein sogenannter Lichtbildwerker arrangiert hingegen seine Aufnahmen durch Auswahl und Gestaltung des Motivs, Ausleuchtung, Aufnahmewinkel oder der Retusche als Nachbereitung.

Beide Rechte, die des Lichtbildners und die des Lichtbildwerkers, unterscheiden sich nur hinsichtlich der Schutzdauer. Während das Lichtbildwerk 70 Jahre nach dem Tod des Fotografen geschützt ist (§ 64 UrhG), ist das Lichtbild, also der Schnappschuss, nur 50 Jahre ab dessen Herstellung oder dessen erstmaliger Veröffentlichung geschützt (§ 72 UrhG). Bei Fotos ist demnach stets von einem Schutz auszugehen, es sei denn, sie sind so alt, dass die Schutzfrist abgelaufen ist.

Keinen Schutz haben aber rein technische Fotografien, bei denen der Fotograf keinen Gestaltungsspielraum für Arrangement, Zeitpunkt der Aufnahme oder Aufnahmetechnik hat.

Schutz für den ausübenden Künstler

Ausübender Künstler ist, „wer ein Werk oder eine Ausdrucksform der Volkskunst aufführt, singt, spielt oder auf eine andere Weise darbietet oder an einer solchen Darbietung künstlerisch mitwirkt" (§ 73 UrhG). Zu den ausübenden Künstlern gehören zum Beispiel Musiker, Tänzer und Schauspieler.

Geschützt ist die Leistung des ausübenden Künstlers anlässlich der Darbietung oder Vermittlung eines Werks. Seine Darbietung darf nur mit seiner Einwilligung übertragen, auf Bild- oder Tonträger aufgezeichnet und diese vervielfältigt und verbreitet werden (§§ 77 ff. UrhG).

Schutz für den Datenbankhersteller

Neben dem oben erwähnten urheberrechtlichen Schutz einer Datenbank als Datenbankwerk (§ 4 Abs. 2 UrhG) kann eine Datenbank auch als verwandtes Schutzrecht geschützt sein.

In diesem Fall ist dann nicht die Struktur geschützt, sondern die Investition zur Erstellung der Datenbank (§ 87a UrhG). Ein Telefonbuch ist zum Beispiel nicht als Datenbankwerk geschützt, da sich Inhalt und Struktur aus dem Zweck ergeben. Jedoch könnte es auch eine erhebliche Investition sein – diese Investition schützt das Datenbankrecht.

Weitere Leistungsschutzrechte

Das Urheberrechtsgesetz sieht weitere verwandte Schutzrechte vor, zum Beispiel den besonderen Schutz des Veranstalters (§ 81 UrhG), des Sendeunternehmers (§ 87 UrhG), des Tonträgerherstellers (§ 85 UrhG), des Filmherstellers (§ 94 UrhG) und des Presseverlegers (§ 87f UrhG).

Der Urheber

„Der Urheber ist der Schöpfer des Werkes" (§ 7 UrhG). – Urheber ist immer ein Mensch, die Juristen sagen „eine natürliche Person", die das Werk geschaffen hat.

Auch bei einer Schöpfung im Rahmen eines Werk-, Dienst- oder sonstigen Auftragsverhältnisses entstehen die Urheberrechte zunächst bei dem tatsächlichen Schöpfer und nicht beim Arbeitgeber, Auftraggeber oder Unternehmer.

Wenn mehrere Personen ein Werk gemeinsam schaffen, ohne dass sich ihre Anteile trennen lassen, sind sie „Miturheber", beispielsweise wenn ein Team gemeinsam eine Autokarosserie oder Möbel kreiert. Durch die gemeinsame Werkschöpfung entsteht eine Gemeinschaft, bei der alle mitwirkenden Urheber, sofern keine andere vertragliche Vereinbarung besteht, einstimmig über die Verwertung des Werks beschließen müssen (§ 8 UrhG).

Die Rechte aus der Miturheberschaft verteilen sich auf alle beteiligten Urheber nach dem Umfang ihrer Beiträge, im Zweifel aber nach Köpfen.

Wenn mehrere Urheber ihre Werke zur gemeinsamen Verwertung verbinden, kann jeder vom anderen die Einwilligung zur Verwertung der verbundenen Werke in „zumutbarem Umfang" verlangen (§ 9 UrhG). Typisches Beispiel ist die Oper: ein Autor (der „Librettist") und ein Komponist verbinden Text und Musik zu einer Oper.

Das Urheberrecht entsteht, sobald der Urheber ein schutzfähiges Werk erstellt hat, indem die vier Voraussetzungen der persönlichen geistigen Schöpfung (§ 2 Abs. 2 UrhG) erfüllt sind. Es muss nicht

fertig sein, auch ein Entwurf oder eine Vorstudie genügt schon.

Die Leistungsschutzrechte entstehen mit der Ausführung der schutzfähigen Leistung, etwa die Anfertigung des Lichtbilds, die Mitwirkung als ausübender Künstler, das Herstellen der Datenbank oder die in wesentlichen Teilen aktualisierte Datenbank.

Das Urheberrecht erlischt 70 Jahre nach dem Tod des Urhebers (§ 64 UrhG), bei Miturhebern 70 Jahre nach dem Tod des Längstlebenden (§ 65 UrhG).

Für Lichtbilder (Fotografien), die keine Lichtbildwerke sind, ist eine Schutzfrist von 50 Jahren nach Erscheinen bzw. nach Herstellung festgesetzt (§ 72 UrhG).

Die Rechte eines Datenbankherstellers erlöschen 15 Jahre nach Veröffentlichung der Datenbank bzw. nach deren Herstellung (§ 87d UrhG).

Die Rechte der ausübenden Künstler erlöschen, soweit ihre Darbietung auf Bild- oder Tonträgern aufgenommen ist, 50 Jahre nach Erscheinen des Bild- und Tonträgers bzw. nach dessen öffentlicher Wiedergabe, aber bereits 50 Jahre nach der Darbietung, wenn kein Bild- oder Tonträger innerhalb dieser Frist erschienen ist (§ 76 UrhG).

Das deutsche Designrecht

Nachfolgend lernen Sie das deutsche Designrecht, seine Schutzvoraussetzungen, die Lebensdauer des Rechts und das Verfahren für das eingetragene Design kennen.

Früher hieß das Designrecht Geschmacksmusterrecht. Es galt lange Zeit als kleine Schwester des Urheberrechts, weil es u.a. für Gestaltungen mit einem Gebrauchsnutzen ein Schutzrecht bot. Diese Gegenstände konnten häufig keinen Schutz nach dem Urheberrechtsgesetz erlangen, weil sie keine ausreichende Schöpfungshöhe aufwiesen. Das führte zur misslichen Situation, dass derjenige, der es versäumt hatte, ein Geschmacksmuster anzumelden, den Produktpiraten schutzlos ausgeliefert war. Nach Erlass des DesignG hat sich aber die Rechtsprechung grundlegend geändert.

Die beiden Rechte stehen nun nebeneinander. Die Anforderungen an die Schöpfungshöhe für Werke mit einem Gebrauchsnutzen wurden von der Rechtsprechung denjenigen der anderen Werkarten angepasst und reduziert. Damit gelten nunmehr auch im Bereich der Gebrauchsgegenstände die gleichen Anforderungen wie im Bereich des übrigen Urheberrechts. Das Design ist damit aber nicht nutzlos geworden. Allein die Tatsache, dass es sich um ein Registerrecht, also ein eingetragenes Recht handelt, führt schon zu einer entsprechenden Abschreckungswirkung. Auch ist nicht auszuschließen, dass in Grenzfällen die ausreichende Schöpfungshöhe und damit die urheberrechtliche Schutzfähigkeit verneint, aber die erforderliche Eigenart nach dem Designrecht bejaht wird.

Sie sollten also bei Gebrauchsgegenständen nicht auf die Anmeldung eines Designs im Vertrauen auf einen möglichen urheberrechtlichen Schutz verzichten.

Gegenstand des Schutzes

Schutzgegenstand des Designs sind Flächenmuster und dreidimensionale Formen.

Das Designgesetz definiert das Design als eine „zwei- oder dreidimensionale Erscheinungsform eines Erzeugnisses oder eines Teiles davon, die sich insbesondere aus Merkmalen der Linien, Konturen, Farben, Gestalt, Oberflächenstruktur oder Werkstoffen des Erzeugnisses selbst oder seiner Verzierungen ergibt" (§ 1 Ziff. 1 DesignG). Die Gestaltung muss demnach auf den Formen- und Farbensinn des Betrachters einwirken können. Geschützt sind damit typischerweise Gebrauchsgegenstände aller Art.

Das Designrecht entsteht mit der Eintragung (§ 27 Abs. 1 DesignG). Geschützt sind dann ausschließlich das eingetragene Design (§ 37 Abs. 1 DesignG) und dessen Gesamteindruck, nicht die danach hergestellten Vervielfältigungsstücke.

Daraus ergibt sich auch die große Bedeutung der Darstellung des Designs im Eintragungsantrag. Eine Darstellung, die die kennzeichnenden Merkmale nur undeutlich wiedergibt, kann dazu führen, dass man den Schutz nicht durchsetzen kann.

Praxis-Tipp:

Sorgen Sie dafür, dass in der Abbildung Ihres Designs die kennzeichnenden und neuen Elemente deutlich sichtbar werden.

Schutzvoraussetzungen

Den Schutz als eingetragenes Design können Erzeugnisse erlangen, die am Anmeldetag eine neue Gestaltung, die „Eigenart", aufweisen (§ 2 DesignG).

Erzeugnisse

Ein Erzeugnis ist jeder industriell oder handwerklich hergestellte Gegenstand einschließlich der Verpackung, Ausstattung, grafischer Symbole und typografischer Schriftzeichen sowie Einzelteile, die zusammengebaut sind (§ 1 Ziff. 2 DesignG). Die Einzelteile müssen bei bestimmungsgemäßer Verwendung sichtbar bleiben; gleichzeitig müssen die sichtbaren Merkmale die Voraussetzung der Neuheit und Eigenart erfüllen.

Nur dreidimensionale Erzeugnisse (z. B. Kaffeekannen, Autos, Computer oder Möbel) und zweidimensionale Erscheinungsformen (z. B. Stoffe, Tapeten, Logos oder Grafiken) oder Teile davon sind schützbar (§ 1 Ziff. 1 DesignG).

Beispiel:

Als Design ist damit ein Gürtel oder nur eine Gürtelschnalle, eine Teekanne oder auch nur ihr Deckel, eine Autokarosserie, oder Möbel, Besteck oder Geschirr, Schuhe und Sportgeräte usw. schutzfähig. Nicht schutzfähig ist daher ein bestimmtes Material, eine Idee, eine Handlungsanleitung oder eine Methode.

Neuheit

Voraussetzung für den Schutz ist die Neuheit des Designs. Ein Design ist neu, wenn vor dem Anmeldetag kein identisches Design offenbart ist. Ein Design ist identisch, wenn sich seine Merkmale gar nicht oder nur in unwesentlichen Einzelheiten unterscheiden (§ 2 Abs. 2 DesignG).

Ein älteres Design ist offenbart, wenn jemand es bekannt gemacht, ausgestellt, im Verkehr verwendet oder auf sonstige Weise zumindest den europäischen Fachkreisen des betreffenden Gebiets im normalen Geschäftsverlauf zugänglich gemacht hat. Dazu zählen weltweit offenbarte Gestaltungen. Bekannt ist, was Anbieter auf internationalen Fachmessen präsentiert oder in internationalen Fachzeitschriften abgebildet haben. Zu Fachkreisen gehören nicht nur Designer und Entwickler, sondern auch Hersteller und Händler.

Ein Design ist demnach neu, wenn die schutzbegründenden Gestaltungselemente am Anmeldetag den in der EU tätigen Fachkreisen weder bekannt waren noch bei zumutbarer Marktbeobachtung bekannt sein konnten.

Die eigene Offenbarung des Entwerfers ist nur „neu", wenn er das Design spätestens innerhalb von zwölf Monaten anmeldet, nachdem er selbst oder sein Rechtsnachfolger (Erbe) die Gestaltung der Öffentlichkeit offenbart. Dasselbe gilt, wenn das Design als Folge einer missbräuchlichen Handlung gegen den Entwerfer oder seinen Rechtsnachfolger offenbart wurde (§ 6 DesignG).

Diese Neuheitsschonfrist stellt eine Ausnahme dar, sodass Sie sie nur in Ausnahmefällen in Anspruch nehmen sollten (§§ 14, 15 DesignG).

Aus dem Design kann man nicht gegen Gestaltungen vorgehen, die andere vor Anmeldung des Designs innerhalb der Neuheitsschonfrist offenbart haben (§ 41 DesignG).

Eigenart

Ein Design hat Eigenart, wenn es sich von anderen Gestaltungen unterscheidet (§ 2 Abs. 3 DesignG).

Der Gesamteindruck des Designs muss sich für den „informierten" Benutzer vom Gesamteindruck anderer Gestaltungen unterscheiden, die am Prioritätstag offenbart waren. Der informierte Benutzer benutzt das Produkt mit verhältnismäßig großer Aufmerksamkeit und kennt, ohne Entwerfer oder technischer Sachverständiger zu sein, die verschiedenen Designs des betroffenen Wirtschaftsbereichs.

Die Anforderungen an die Eigenart richten sich danach, ob eine Vielzahl von Mustern (Designs) existiert. Gibt es nur wenige Muster, sind hohe Anforderungen an die Eigenart zu stellen, da der Entwerfer einen großen Freiraum hat. Ist der Freiraum wegen der großen

Anzahl verschiedener Muster gering, stellt die Rechtsprechung nur geringe Anforderungen an die Eigenart. Die Funktion des Erzeugnisses und der bekannte Formenschatz schränken die Gestaltungsfreiheit außerdem noch ein. Eine rein technisch bedingte Form schließt den Designschutz aus.

Beispiel:

Es gibt viele Tapetenmuster, sodass es nur eines geringen Unterschieds bedarf, damit ein neues, anderes Muster die erforderliche Eigenart aufweist. Gibt es allerdings nur wenige Gestaltungen, wie bei Terrassenöfen, muss die neue Gestaltung einen sehr viel höheren Grad an Individualität aufweisen. Der Henkel einer Tasse und deren Öffnung nach oben sind „technisch" erforderlich, um die „Funktion Tasse" zu erfüllen.

Schutzdauer

Der Schutz des eingetragenen Designs entsteht mit der Eintragung in das Register beim DPMA. Die Schutzdauer beträgt fünf Jahre, die jedoch alle fünf Jahre durch Zahlung einer Aufrechterhaltungsgebühr (§ 28 DesignG) bis maximal 25 Jahre (§ 27 Abs. 2 DesignG) verlängert werden kann.

Inhaber des Designrechts

Das Recht auf das eingetragene Design steht dem Entwerfer (§ 71 Abs. 1 DesignG) zu; haben mehrere gemeinschaftlich das Design geschaffen, steht ihnen das Recht gemeinschaftlich zu.

Hat ein Arbeitnehmer das Design im Rahmen eines Arbeitsverhältnisses nach den Vorgaben des Arbeitgebers geschaffen, steht das Recht auf das eingetragene Design dem Arbeitgeber zu (§ 7 Abs. 2 DesignG). Anders ist das beim Auftragsverhältnis: Hier bedarf es einer Vereinbarung, aufgrund derer der Auftraggeber das Recht auf das eingetragene Design erwirbt.

Der Anmelder gilt bis zum Beweis des Gegenteils als Berechtigter (§ 8 DesignG).

Verfahren

Das Verfahren beginnt mit der Anmeldung beim DPMA (§ 11 DesignG). Dieses prüft nur die formellen Voraussetzungen der Eintragung (z. B. ob der Antrag vollständig ist), nicht dagegen die Voraussetzungen „Neuheit“ und „Eigenart“ eines Erzeugnisses. Erst in einem späteren Verletzungsprozess würde ein Gericht diese inhaltlichen bzw. – wie die Juristen sagen – materiellen Voraussetzungen prüfen.

Beispiel:

Prüfen Sie trotzdem selbst den Stand Ihres Designs vor der Anmeldung! Zumindest sollten Sie die Datenbanken der Patentämter prüfen. Am besten recherchieren Sie auch in Fachzeitschriften oder Verkaufskatalogen. Nur so können Sie verhindern, dass Sie ein anderes Designrecht verletzen oder für Anmeldung und einen späteren Prozess Geld verschwenden.

Jeder Mensch, jede Kapitalgesellschaft und jede Personengesellschaft, wie eine oHG oder KG, können ein Design anmelden. Dazu dient das vom DPMA bereitgestellte Anmeldeformular.

Der wichtigste Teil Ihrer Anmeldung ist die Beschreibung (Wiedergabe) des Designs, die Sie der Anmeldung beifügen müssen (§ 11 Abs. 2 DesignG). Es kommt darauf an, die Merkmale, die den Gesamteindruck des Designs prägen, so präzise und aussagekräftig wie möglich aufzuschreiben. Achtung: Hier macht man schnell Fehler! Sie dürfen bis zu zehn verschiedene Ansichten (Fotografien oder sonstige grafische Darstellungen) des Designs einreichen.

Mindestens ein Erzeugnis, für welches Sie das Design verwenden wollen, sollten Sie mit den Begriffen der sogenannten „Locarno-Klassifikation“ angeben. Diese internationale Designklassifikation ist ein Abkommen über die Einteilung und Erschließung von Designs. Diese Angabe hat keinen Einfluss auf den Schutzumfang des Designs, sondern dient dem Amt für Klassifizierung und Recherche.

Entspricht die Anmeldung den formellen Voraussetzungen des Designrechts, trägt das DPMA das Recht ein (§ 19 Abs. 2 DesignG) und macht die Eintragung bekannt (§ 20 DesignG). Die Bekanntmachung können Sie aufschieben lassen, wenn die Gestaltung zunächst noch geheim bleiben soll oder Sie den Erfolg erst testen wollen (§ 21 DesignG).

Als Anmelder können Sie sich für eine Sammelanmeldung entscheiden und bis zu 100 Designs gleichzeitig zur Anmeldung bringen (§ 12 DesignG). Hiermit sparen Sie Gebühren, wenn Sie gleichzeitig das Aufschieben der Bekanntmachung der Anmeldung beantragen. Auf diese Weise können Sie zuerst den Erfolg eines Designs testen und anschließend über die Bekanntmachung entscheiden oder den Antrag zurücknehmen.

2 EU-Gemeinschaftsgeschmacksmuster

Das Gemeinschaftsgeschmacksmuster unterscheidet sich nur wenig vom deutschen Designrecht.

Die Schutzvoraussetzungen der „Neuheit" und der „Eigenart" sind dieselben (Art. 4 GMUVO). Gleiches gilt für die Schutzwirkungen, ausgenommen der territorialen Geltung: Während das eingetragene Design grundsätzlich nur in Deutschland Schutz entfalten kann, erlangt das europäische Gemeinschaftsgeschmacksmuster Schutz in jedem Land der EU (Art. 27 GMUVO). Anders als beim europäischen Patent erstreckt sich der Schutz nicht auf Nicht-EU-Staaten. Wer also den Schutz seiner Gestaltung in der gesamten EU anstrebt, kann sich des Gemeinschaftsgeschmacksmusters bedienen, wer allerdings den Schutz in der BRD anstrebt, benötigt nur ein deutsches eingetragenes Design.

Die Anmeldung und Eintragung erfolgen in das Geschmacksmusterregister beim EUIPO (Amt der Europäischen Union für geistiges Eigentum) (§ 11 DesignG), das früher Harmonisierungsamt für den Binnenmarkt (HABM) hieß, in Alicante. Die Kosten des Verfahrens sind etwas höher als jene des DPMA, jedoch entsprechen sich die Verfahren, da es auf die Darstellung des Musters in der Anmeldung ankommt. Auch die Schutzdauer entspricht derjenigen des eingetragenen Designs.

Nicht eingetragenes Gemeinschaftsgeschmacksmuster

Anders als das Designgesetz sieht die Gemeinschaftsgeschmacksmuster-Verordnung auch ein nicht eingetragenes Gemeinschaftsgeschmacksmuster vor (Art. 1 Abs. 2 lit. b GMUVO).

Es entsteht durch die erstmalige Veröffentlichung des Musters in einem Land der EU und entfaltet seine Wirkung in der gesamten EU. Anmelden oder eintragen müssen Sie sich somit nicht. Eine

Erstveröffentlichung außerhalb der EU verhindert das Entstehen des Rechts, da bei der Veröffentlichung in der EU das Muster nicht mehr neu ist. Die Laufzeit beträgt drei Jahre.

Das nicht eingetragene Gemeinschaftsgeschmacksmuster gewährt Schutz gegen Nachahmung. Diese setzt die objektive Nachahmung des Designs sowie die subjektive Kenntnis des Nachahmers voraus.

Internationale Geschmacksmuster

Mit einer internationalen Geschmacksmusterregistrierung kann ein Geschmacksmuster gleichzeitig in den Mitgliedstaaten des sogenannten Haager Musterabkommens geschützt werden.

Mithilfe eines einzigen Antrags können Sie mehrere national voneinander unabhängige Geschmacksmustereintragungen über eine einheitliche Stelle, das Internationale Büro der Weltorganisation für geistiges Eigentum (WIPO) mit Sitz in Genf, in einer Verfahrenssprache durch Zahlung einer einheitlichen Gebühr bewirken. In diesem Antrag müssen die Länder, in denen Sie Ihr Geschmacksmuster schützen lassen wollen, benannt sein. Das Verfahren zur Eintragung führen dann die nationalen Behörden dieser Länder nach nationalem Recht durch.

Die WIPO prüft die formellen Anforderungen der internationalen Registrierung, trägt die Geschmacksmusteranmeldung in das internationale Geschmacksmusterregister ein und veröffentlicht diese im Internationalen Geschmacksmusterblatt. Nach der Veröffentlichung prüfen die nationalen Ämter der von Ihnen benannten Schutzländer die internationale Geschmacksmusteranmeldung nach ihrem eigenen nationalen Recht. Spätestens zwölf Monate ab Veröffentlichung der internationalen Registrierung teilen sie der WIPO ihre Entscheidung über die Eintragung mit.

Die Eintragung gewährt dieselben Rechte wie die jeweilige nationale Registrierung in dem betreffenden Land.

Die Kosten, die durch die internationale Registrierung entstehen, setzen sich aus den Kosten der WIPO und den Kosten der einzelnen benannten Länder sowie ggf. den Kosten der hinzugezogenen Berater zusammen.

Marken- und Kennzeichenrechte

Neben den technischen Schutzrechten (Patent und Gebrauchsmuster) und den Schutzrechten für kreative Leistungen (Urheberrecht, Leistungsschutzrecht, Designrecht und europäisches Geschmacksmuster) existiert eine weitere Kategorie: die Kennzeichenrechte. Wer Inhaber eines Kennzeichenrechts im geschäftlichen Verkehr ist, kann Dritten die Verwendung des Kennzeichens untersagen und ferner Auskunft, Schadensersatz und sogar Vernichtung verlangen. Wir unterscheiden zwischen eingetragenen (Marke) und nicht eingetragenen Kennzeichenrechten (z. B. Unternehmenskennzeichen, Werktitel).

Eingetragenes Kennzeichenrecht

Das eingetragene Kennzeichenrecht – die Marke – gewährt seinem Inhaber dann Schutz, wenn es in das Markenregister eingetragen ist. Daher nennen Juristen es auch Registerrecht. Die Marke ist das am stärksten von Fälschungen betroffene Individualrecht. Daher lohnt sich ein umfassender Blick auf dieses Recht.

Die Marke existiert als nationale Marke, als europaweit einheitliche Gemeinschaftsmarke sowie darüber hinaus als internationale „IR"-Marke.

Nationale Marke

Die wichtigsten Funktionen der Marke sind nach der sogenannten Funktionenlehre des Europäischen Gerichtshofs:

- Herkunftsfunktion
- Werbefunktion
- Investitionsfunktion
- Qualitäts- und Kommunikationsfunktion

Beispiele:

Herkunftsfunktion

Würde einem Leitz®-Ordner der Aufdruck des Zeichens Leitz® fehlen, wäre es für den Durchschnittsverbraucher kaum möglich, zu erkennen, aus welchem Unternehmen der Ordner stammt. Da der Hersteller Inhaber der deutschen Wortmarke Leitz® ist, darf nun kein anderer Hersteller in Deutschland seine Ordner (oder ähnliche Waren) ebenfalls als Leitz® oder zum Verwechseln ähnlich bezeichnen.

Qualitätsfunktion

Die Marke Mercedes Benz® bringt der Verbraucher mit hoher Qualität, Sicherheit und Langlebigkeit in Verbindung.

Werbefunktion

Die Werbefunktion einer Marke ist beeinträchtigt, wenn eine markenunabhängige Autoreparaturwerkstatt das kreisförmige VW®-Logo zur Werbung für ihre Dienstleistungen nutzen würde (sog. Sogwirkung).

Die Herkunftsfunktion ist die wichtigste Funktion der Marke. Sie bewirkt, dass Verbraucher Waren und Dienstleistungen individualisieren und einem Unternehmen zuordnen können. Der Verbraucher muss allerdings die Herkunft eines Produkts nicht so präzise individualisieren können, dass er genau weiß, wie das Unternehmen heißt, aus dem das Produkt stammt. Es genügt, wenn er weiß, dass das Produkt aus einem bestimmten Unternehmen stammt und er es aufgrund des verwendeten Zeichens von Produkten anderer Herkunft unterscheiden kann. Wenngleich jeder die Elmex®-Zahnpasta einem bestimmten Unternehmen zuordnen und sie von Zahncremes anderer Hersteller unterscheiden kann, wird es kaum jemanden ernsthaft interessieren, dass die Marke Elmex® einer schweizerischen Holding gehört.

Schutzvoraussetzungen

Gemäß § 3 Abs. 1 MarkenG können Sie alle Zeichen schützen, die geeignet sind, für Waren oder Dienstleistungen „unterscheidungskräftig" zu sein. Folgende Kriterien werden vom DPMA konkret geprüft:

- Zeichen
- Unterscheidungskraft
- Schutzhindernisse
- Priorität

Zeichen

Als Marke können Sie alle Zeichen schützen. Zeichen sind neben den gängigen Wort- und Bildzeichen (z. B. Ariel® bzw. Adidas®-Streifen) auch Buchstaben, Zahlen, Melodien, dreidimensionale Formen (z. B. die Rolls Royce®-Kühlerfigur) oder bestimmte Farben (z. B. das Magentarot der Telekom®). Sogar haptische Zeichen, sogenannte Tastmarken, sind laut BGH prinzipiell schutzfähig. Die Unterscheidungskraft ergibt sich nicht aus der Form der Ware, sondern daraus, was der Mensch mithilfe seines Tastsinns „erfühlt" (z. B. rau, glatt, heiß, kalt). Ein Beispiel für eine Tastmarke können wir Ihnen leider (noch) nicht nennen – bislang gibt es nämlich keine eingetragene Tastmarke.

Alle genannten Arten haben etwas gemeinsam: Sie müssen eindeutig grafisch darstellbar sein. Geruchsmarken sind daher nicht eintragungsfähig, da es derzeit (noch) keine Möglichkeit gibt, Gerüche eindeutig grafisch darzustellen. Oder wie würden Sie den „Duft einer reifen Erdbeere" eindeutig in Worte fassen bzw. grafisch skizzieren?

Die häufigsten Zeichenarten sind aber nach wie vor die Wort-, Bild- oder kombinierte Wort-/Bildmarke.

Wortmarken sind Begriffe oder Zeichenkombinationen, die sich mit der Schrift „Courier" darstellen lassen, zum Beispiel Audi®. Bildmarken sind Marken, die speziell aus Bildern, Bildelementen oder Logos bestehen – ohne Schriftzeichen. Beispiele: Die springende Raubkatze von Puma® oder das grüne Krokodil von Lacoste®.

Kombinieren Sie Schriftzeichen mit grafischen Elementen, entsteht eine Wort-/Bildmarke, z. B. das Logo von BMW®, das mit der bekannten weiß-blauen Raute kombiniert ist.

Praxis-Tipp:

Wir empfehlen grundsätzlich immer die Anmeldung einer Wortmarke, wenn ein möglichst großer Schutzumfang angestrebt wird. Bei kombinierten Wort-/Bildmarken ist das Wort möglicherweise nur in der konkreten grafischen Darstellung und mit der konkreten Schriftart geschützt. Zudem muss eine Wort-/Bildmarke exakt in der grafischen Form benutzt werden, mit der sie eingetragen wird, da sie sonst als nicht benutzt gilt und nach fünf Jahren der Nichtbenutzung verfällt. Das spielt insbesondere eine Rolle, wenn ein Unternehmen seine Corporate Identity oder die grafische Aufmachung von Produkten ändert.

Unterscheidungskraft

§ 3 Abs. 1 MarkenG erfordert, dass die anzumeldende Marke abstrakt dazu geeignet ist, (irgendwelche) Waren und Dienstleistungen zweier (beliebiger) Unternehmen voneinander zu unterscheiden. Dafür genügt nach der Rechtsprechung aber schon jede noch so kleine Unterscheidungskraft. In der Praxis fehlt die Unterscheidungskraft daher so gut wie nie.

Häufig scheitern Markenanmeldungen aber an sogenannten absoluten Schutzhindernissen.

Schutzhindernisse

§ 8 Abs. 2 MarkenG nennt eine Reihe absoluter Schutzhindernisse und bestimmt, dass das Amt eine Marke per se nicht eintragen kann, wenn es das Zeichen geprüft hat und auch nur eines der im Gesetz aufgezählten Schutzhindernisse vorliegt.

Schutzhindernisse bezeichnet man deshalb als absolut, weil sie – unabhängig von Schutzrechten Dritter – die Eintragung des Zeichens als Marke schlechthin verhindern. Das Markenamt sucht im Rahmen seiner Prüfung automatisch nach absoluten Schutzhindernissen. Solche bestehen für Zeichen:

- die nicht unterscheidungskräftig sind
- die nicht grafisch darstellbar sind
- die die Beschaffenheit einer Ware oder Dienstleistung beschreiben können
- die im allgemeinen Sprachgebrauch üblich sind, um Waren oder Dienstleistungen zu bezeichnen
- deren Form durch die Art der Ware bzw. deren Herstellung bedingt ist
- die möglicherweise über die Art, Beschaffenheit oder geografische Herkunft der Ware oder Dienstleistung täuschen
- die zur Erreichung einer technischen Wirkung erforderlich sind

- die der Ware einen wesentlichen Wert verleihen
- die gegen die öffentliche Ordnung und die guten Sitten verstoßen
- die Wappen, Flaggen, Hoheitszeichen, Siegel, Bezeichnungen von Kommunen oder amtliche Prüf- und Gewährzeichen enthalten
- deren Benutzung nach sonstigen Vorschriften im öffentlichen Interesse untersagt werden kann

Beispiel:

Das Wort „Haus" wäre zwar schutzfähig für die Waren Obst und Gemüse, nicht aber für die Dienstleistung Bauwesen, denn dort beschreibt das Zeichen „Haus" ein Bauwerk.

Ebenfalls beschreibend wäre das Zeichen „Limo" für Limonade, da Limonade eine Warenart ist.

Relative Schutzhindernisse sind Individualrechte Dritter. Solche prüft das Markenamt nicht automatisch, sondern nur auf Initiative des Dritten. Diese Schutzhindernisse werden relativ genannt, weil sie nur „in Relation" oder „in Beziehung" zu einem Dritten bestehen, insbesondere, wenn die angemeldete Marke gegen ein älteres Kennzeichen oder ein vorrangiges Recht (z. B. Urheberrecht, Namensrecht) eines Dritten verstoßen.

Praxis-Tipp:

Recherchieren Sie vor einer Markenanmeldung stets selbst, ob vielleicht Rechte Dritter, relative Schutzhindernisse, der Eintragung entgegenstehen könnten. Das DPMA prüft ja nicht, ob ein älteres Recht der anzumeldenden Marke entgegensteht. Stellt sich – wenn auch erst nach Jahren – heraus, dass eine ältere Marke existiert, die Ihrer Marke ähnlich ist, könnte das existenzielle Folgen für Ihr Unternehmen haben. Bestenfalls können Sie sich dann mit der Gegenseite einigen – schlimmstenfalls müssen Sie auf die Verwendung Ihrer Marke verzichten.

Priorität

Stehen sich zwei Marken gegenüber, kommt es für die Eintragung des Markenrechts auf die Priorität an. Sie entscheidet, welche Marke von beiden sich durchsetzt.

Es gilt der schon aus dem Mittelalter in einer der ersten Rechtssammlungen in Deutschland, im Sachsenspiegel, erwähnte Grundsatz: „Wer zuerst kommt, mahlt zuerst." Der Sachsenspiegel von 1220 meinte damit, dass der erste Müller in der Schlange vor der Mühle auch zuerst an der Dorfmühle sein Korn mahlen durfte.

Der Prioritätsgrundsatz gilt heute im ganzen Kennzeichenrecht. Speziell für Marken ist er in § 6 MarkenG geregelt.

Bei eingetragenen Marken richtet sich der zeitliche Rang nach dem Tag der Anmeldung – allerdings nur, falls das Amt die Marke schließlich auch einträgt.

Bei unterscheidungskräftigen Unternehmenskennzeichen, die in kein Register einzutragen sind, gilt, dass es auf den Zeitpunkt der Aufnahme der ersten Benutzung ankommt.

Schutzdauer

Sobald das Markenamt die Schutzfähigkeit des angemeldeten Zeichens bejaht hat und es im Markenregister für eine oder mehrere Waren-/Dienstleistungsklassen einträgt, ist die Marke rückwirkend ab dem Anmeldetag für die Dauer von zehn Jahren geschützt. Sie können den Schutz beliebig oft um weitere zehn Jahre verlängern, indem Sie jeweils fristgerecht eine Verlängerungsgebühr (derzeit 750 Euro für bis zu drei Klassen zuzüglich 260 Euro für jede weitere Klasse) bezahlen.

Anmeldeprozedur

Nationale Marken sind beim DPMA in München anzumelden. Dazu muss der Anmelder die einzutragende Marke exakt wiedergeben. Er hat alle Waren und Dienstleistungen zu benennen, die die Marke schützen sollen.

Waren oder Dienstleistungen sind in Klassen eingeteilt, die wiederum aus Ober- und Unterbegriffen bestehen.

Das Markenamt prüft den Antrag auf formale Fehler und stellt zusätzlich fest, ob der Eintragung absolute Schutzhindernisse entgegenstehen.

Ist die Marke nach Ansicht des DPMA eintragungsfähig, trägt es Wortmarken in Druckschrift und Bildmarken in der gewählten grafischen Wiedergabe in das Markenregister ein. Das Amt veröffentlicht die Eintragung im Markenblatt (https://register.dpma.de/DPMAregister/uebersicht), der Markeninhaber erhält eine Urkunde über die Eintragung. Nach der Veröffentlichung der Eintragung können Inhaber von älteren Markenrechten innerhalb von drei Monaten Widerspruch gegen die Eintragung der Marke erheben.

Die Eintragung der Marke berechtigt den Markeninhaber, seine Marke ausschließlich zu nutzen. Er kann im Fall einer Markenverletzung Schadensersatz verlangen und Dritten die weitere Nutzung des verletzenden Zeichens verbieten.

Benutzungszwang

Die eingetragene Marke gewährt ihrem Inhaber theoretisch ein zeitlich unbegrenztes Ausschließlichkeitsrecht gegenüber jedermann („Monopol"). Aber nur derjenige „verdient" das Monopolrecht, der das Zeichen auch „ernsthaft benutzt". Dazu muss er das Zeichen „markenmäßig" benutzen, das heißt zur Kennzeichnung derjenigen Waren und Dienstleistungen, für die er die Marke angemeldet hat. Entsprechend der Hauptfunktion der Marke – der Herkunftsfunktion – muss der Inhaber mit seinem Zeichen deshalb auf die betriebliche Herkunft der Waren und Dienstleistungen als aus einem bestimmten Unternehmen stammend hinweisen.

Keine markenmäßige Benutzung liegt vor, wenn der Inhaber sein Zeichen nur zur Bezeichnung seines Unternehmens – nur firmenmäßig – nutzt. Auch stellt die Wiedergabe des Zeichens in der Domain meistens keine markenmäßige Benutzung dar, sondern nur einen Hinweis auf das Unternehmen.

„Ernsthaft" benutzt der Inhaber seine Marke, wenn er sie üblich und wirtschaftlich sinnvoll verwendet. Bloße „symbolische" Scheinhandlungen, die der Inhaber nur zum Zweck des Markenerhalts vornimmt, genügen nicht. Das wäre zum Beispiel bei einem nur äußerst kurzen Benutzungszeitraum der Fall.

Der Inhaber muss seine Marke ferner für diejenigen Waren und Dienstleistungen benutzen, für die sie eingetragen ist. Eine Benutzung für ähnliche Waren und Dienstleistungen genügt nicht.

Beispiel:

Nutzt der Inhaber einer Marke für bestimmte Waren (z. B. Uhren) das Zeichen nicht für diese Waren, sondern lediglich für die Bereitstellung eines Online-Marktplatzes, auf dem Dritte ohne Zutun des Markeninhabers Uhren kaufen und verkaufen können, ist das Bereitstellen der Plattform eine Dienstleistung, die markenmäßig gekennzeichnet ist. Es ist aber keine markenmäßige Benutzung für die Waren „Uhren", für die die Marke eingetragen ist.

Wie genau Sie die Marke nutzen müssen, hängt von der Art der Waren bzw. der Dienstleistungen ab. Dafür verwendet die Rechtsprechung den Begriff der Branchenüblichkeit. In vielen Branchen ist es beispielsweise üblich, die Marke auf der Ware selbst anzubringen, beispielsweise auf dem Etikett. In anderen Fällen kann schon die Benutzung einer Internet-Domain genügen, unter der jemand bestimmte Dienstleistungen anbietet.

Wenn Sie eine Marke schon im Gründungsstadium anmelden, das heißt, bevor Sie Ihre laufenden Geschäfte beginnen, hätten Sie kaum die Möglichkeit, die Marke zu benutzen. Es wäre bitter, wenn man Ihnen die eben erst eingetragene Marke sofort wieder wegnähme. Es ist einleuchtend, dass Sie als Unternehmensgründer eine Marke jedoch schon vor Beginn des operativen Geschäfts für sich schützen möchten. Möglicherweise haben Sie schon viel Geld in das Design der Marke bzw. in die Corporate Identity gesteckt.

Zu diesem Zweck gewährt der Gesetzgeber die sogenannte Benutzungsschonfrist. Das bedeutet, dass ein erster Fünfjahresabschnitt seit der Eintragung verstrichen sein muss, ehe Ihnen jemand den Benutzungszwang entgegenhalten kann. Ist die Benutzungsschonfrist verstrichen, müssen Sie Ihre Marke innerhalb des Zeitraums der letzten fünf Jahre benutzt haben. Können Sie die ernsthafte Benutzung in diesem Zeitraum nicht nachweisen, ist die Marke „löschungsreif". Jeder beliebige Dritte kann dann die Löschung aus dem Register beantragen.

Wichtig: Bezeichnen Sie die Waren und Dienstleistungen, für die Sie die Marke anmelden, so genau wie möglich.

Bei der Verwendung pauschaler Oberbegriffe (z. B. Bauwesen) laufen Sie Gefahr, dass das Amt eine ernsthafte Benutzung der Marke für die einzelnen Waren und Dienstleistungen verneint, die dem Bauwesen zugeordnet werden, für die Sie das Zeichen aber nicht benutzen. Das Amt kann dann die Marke hinsichtlich dieses Teils wegen Nichtbenutzung löschen.

Gemeinschaftsmarke

Die Gemeinschaftsmarke – geregelt in der Gemeinschaftsverordnung VO (EG) 207/2009 – schützt ihren Inhaber einheitlich im gesamten Gebiet der 28 Mitgliedstaaten der Europäischen Union. Wenn Sie länderübergreifend im europäischen Raum tätig sein wollen, sollten Sie stets auch die Anmeldung einer Gemeinschaftsmarke in Erwägung ziehen, da Sie dann mit einer einzigen Marke im gesamten EU-Raum geschützt sind.

Die Gemeinschaftsmarke ist daher speziell im „Exportland Deutschland" beliebt. Die Anmeldezahlen für deutsche Marken sind dennoch deutlich höher: Im Jahr 2013 wurden in Deutschland von Unternehmen ca. 60.000 nationale Marken angemeldet, im gesamten EU-Raum waren es nur 100.000 Gemeinschaftsmarken.

Das hat seinen Grund: Die Gemeinschaftsmarke bringt nämlich auch Nachteile mit sich. Jede ältere nationale Marke aus irgendeinem der Mitgliedstaaten kann die Gemeinschaftsmarke zu Fall bringen. Mögliche Konflikte mit älteren Marken sind sehr schwer vorhersehbar, da man die nationalen Register sämtlicher EU-Staaten nicht nur nach gleichlautenden, sondern auch nach ähnlichen Zeichen durchforsten muss; der Rechercheaufwand ist enorm.

Derzeit ist außerdem nicht klar, wie man eine Gemeinschaftsmarke rechtserhaltend benutzen muss. Da die EU aus 28 Staaten mit etwa 508 Millionen Einwohnern besteht (Stand: 2016), sind an die Benutzung der Gemeinschaftsmarke höhere Anforderungen zu stellen als an die Benutzung der nationalen Marke.

Starren Ländergrenzen hat der EuGH aber eine Abfuhr erteilt. Seiner Ansicht nach kommt es für die Frage der ernsthaften Benutzung einer Gemeinschaftsmarke allein darauf an, dass man sie entsprechend ihrer Hauptfunktion und zu dem Zweck benutzt, für die von ihr geschützten Waren oder Dienstleistungen Marktanteile in der Gemeinschaft zu gewinnen oder zu behalten. Die Größe des Gebiets dieser Benutzung sei dabei nur einer von vielen Faktoren, die hierfür zu berücksichtigen sind, wobei Ländergrenzen von vornherein außer Betracht zu bleiben haben.

IR-Marke

Ist Ihr Unternehmen über die Grenzen der EU-Staaten hinaus tätig – dazu genügt beispielsweise schon die Schweiz –, ist der internationale Schutz Ihrer Marke weder durch die Gemeinschaftsmarke noch durch die deutsche Marke gewährleistet. In diesem Fall sollten Sie die internationale, sogenannte IR-Marke in Erwägung ziehen.

Eines vorweg: Eine einheitliche „Internationale Marke", vergleichbar mit der Gemeinschaftsmarke, existiert nicht! Die IR-Marke ist daher – genau betrachtet – ein Bündel von einzelnen nationalen Marken. Dank des „Madrider Systems zur Internationalen Registrierung von Marken" genügt jedoch die Anmeldung mit einem einzigen Antrag. Sie müssen zum Erwerb der IR-Marke den Schutzbereich einer deutschen oder einer EU-Marke durch eine internationale Registrierung auf die gewünschten weiteren ausländischen Staaten ausdehnen. Voraussetzung ist aber stets eine bereits bestehende Marke. In jedem Land, auf das Sie den Schutz Ihrer Marke ausdehnen, entsteht somit ein eigenständiges Markenrecht mit der Folge, dass eine Markenbeanstandung (oder ein Widerspruch aus einer älteren Marke) in einem Staat nicht die gesamte IR-Marke gefährden kann, wie das bei der einheitlichen Gemeinschaftsmarke der Fall ist.

Derzeit sind 97 Länder Mitglieder des Madrider Systems zur Internationalen Registrierung von Marken (Stand: 2016). Wenn bestimmte Staaten nicht Vertragspartner des Madrider Systems sind (z. B. Kanada, Brasilien) und aus diesem Grund ein Schutz durch eine IR-Marke nicht erreichbar ist, können Sie den gleichen Schutz mit einzelnen Anmeldungen bei den jeweiligen nationalen Markenämtern erreichen. Das ist aber um einiges aufwendiger, da Sie neben den einzelnen Anmeldungen in der Regel auch stets im jeweiligen Land ansässige Anwälte einschalten werden.

Nicht eingetragene Kennzeichenrechte

Neben den verschiedenen Marken als eingetragene Kennzeichenrechte existieren auch nicht eingetragene Kennzeichenrechte. Diese gewähren dem Inhaber Schutz, ohne dass er sie in irgendeiner Weise anmelden muss (keine Registerrechte).

Nicht eingetragene Marke

Markenschutz entsteht nicht nur durch die Eintragung in ein Register. Auch eine intensive Benutzung eines Zeichens kann zum Schutz des Zeicheninhabers führen. Der Schutz beginnt allerdings nicht bereits mit der ersten Benutzung des Zeichens, sondern entsteht vielmehr erst dann, wenn der Inhaber die Verkehrsgeltung des Zeichens im Sinne von § 4 Abs. 2 MarkenG nachweisen kann.

Verkehrsgeltung bedeutet, dass neben den allgemeinen Voraussetzungen der Markenfähigkeit – diese haben wir oben bereits erläutert – die Marke aufgrund ihrer bloßen Benutzung durch den Verwender auf die Herkunft von Waren bzw. Dienstleistungen hinweist. Sie muss diese Verkehrsgeltung innerhalb „beteiligter Verkehrskreise" erlangen.

Die Rechtsprechung hat bisher keine festen, allgemeingültigen Richtwerte für die Verkehrsgeltung aufgestellt. Sie lehnt feste Prozentsätze ab und wägt vielmehr alle relevanten Umstände im Einzelfall ab. Ob demnach eine Marke Verkehrsgeltung erlangt, ist kaum vorherzusehen. Daher sollten Sie sich niemals auf die nicht eingetragene Marke verlassen. Diese kann ggf. aber den Schutz aus der eingetragenen Marke erweitern.

Unternehmenskennzeichen, Werktitel

Neben nicht eingetragenen Marken sind auch andere Kennzeichenarten geschützt, ohne dass Sie sie in ein Register eintragen lassen müssen. Darunter fallen gemäß § 5 Abs. 1 MarkenG das Unternehmenskennzeichen und der Werktitel.

Unternehmenskennzeichen sind solche Zeichen, die Sie als Name, Firma oder besondere Bezeichnung eines Geschäftsbetriebs oder eines Unternehmens benutzen (§ 5 Abs. 2 MarkenG). Bayer® AG ist beispielsweise die Firma eines bekannten deutschen Konzerns. Der Titel „Hotel zum falschen Hasen" wäre zum Beispiel eine besondere

Bezeichnung eines Geschäftsbetriebs (Hotels) als sogenannte Etablissementbezeichnung.

Der Schutz des Unternehmenskennzeichens entsteht automatisch, wenn ein Unternehmen die Benutzung einer unterscheidungskräftigen Bezeichnung im geschäftlichen Verkehr aufnimmt.

Das Unternehmenskennzeichen bezieht sich im Gegensatz zur Marke nicht auf bestimmte Waren und Dienstleistungen, sondern auf ein Unternehmen als solches. Das Publikum identifiziert das Unternehmen demnach im Sinne eines Namens. Ein Unternehmenskennzeichen kann beispielsweise auch durch Verwendung einer Domain entstehen (dazu gleich mehr).

Werktitel sind die Bezeichnungen von Druckschriften, Filmwerken, Tonwerken, Bühnenwerken oder sonstigen vergleichbaren Werken (§ 5 Abs. 3 MarkenG). Der Titel des vorliegenden Buchs ist ein solcher Werktitel.

Sonderfall: Domain

Auch Domains sind wirtschaftlich von großer Bedeutung, betrachtet man die erzielten Verkaufserlöse clever gewählter Domainnamen. Erst die Domain ermöglicht das leichte Auffinden einer Webseite.

Unter einer Domain (z. B. www.snp-online.de) verstehen wir einen individualisierenden Namen unterhalb einer Top-Level-Domain, das heißt eine technische Einrichtung, mittels der ein Internetnutzer eine Webseite finden kann, ähnlich einer Telefonnummer. Sie entsteht in Deutschland durch Registrierung eines Domainnamens bei der deutschen Vergabestelle DENIC und ist rechtlich nichts weiter als eine Vielzahl von vertraglichen Ansprüchen zwischen dem Domaininhaber und der DENIC. Derjenige, der eine Domain registriert, kann sie praktisch ausschließlich nutzen. Davon müssen wir jedoch die Frage nach der kennzeichenrechtlichen Relevanz unterscheiden.

Wichtig: Domains sind keine Kennzeichenrechte, können solche aber begründen sowie auch andere Rechte verletzen.

Die Nutzung einer Domain kann Rechte Dritter beeinträchtigen. Privatleute wie Unternehmen versuchen nach Möglichkeit, ihre Namen, Unternehmenskennzeichen oder auch Marken in Domains abzubilden. Der Internetnutzer erwartet unter einem kennzeichnungskräftigen Domainnamen die Internetpräsenz des Inhabers gleichlautender Namens- oder Kennzeichenrechte. Schließlich können Domainnamen aufgrund ihrer herkunftshinweisenden Funktion auch Kennzeichenrechte entstehen lassen, sind aber selbst kein Kennzeichenrecht.

Aus diesen Gründen entstehen Streitigkeiten über das Recht an oder aus Domains besonders dann, wenn Marke und Domain kollidieren. In einem solchen Konfliktfall lösen Gerichte den Streit grundsätzlich markenrechtlich.

Dabei sind zwei Fallgestaltungen zu unterscheiden:

- Fall 1: Genießt die Marke Priorität, das heißt sie hat schon vor Registrierung der gleich- oder ähnlich lautenden Domain bestanden, steht dem Markeninhaber ein markenrechtlicher Unterlassungsanspruch gegen den Domaininhaber zu. Wird die Domain auch geschäftlich genutzt, hat der Markeninhaber sogar einen Löschungsanspruch. Die ältere Marke „sticht" somit die jüngere Domain.
- Fall 2: Registrieren Sie aber zunächst eine Domain und meldet jemand anderes eine gleich- oder ähnlich lautende Marke erst später an, ist der Fall schwieriger zu lösen. Hier könnten Sie nämlich als Domaininhaber mit Ihrer Domain ein zeitlich vorrangiges – nicht eingetragenes – Kennzeichen erworben haben. Der Markeninhaber könnte Ihnen in diesem Fall die Nutzung nicht verbieten. Vielmehr könnten Sie unter Umständen selbst gegen den Markeninhaber vorgehen. Dafür müssen Sie als Domaininhaber nachweisen können, dass Sie die Domain geschäftsmäßig als Unternehmenskennzeichen gemäß § 5 Abs. 1 MarkenG nutzen. Wenn Sie das beweisen können, „gewinnen" Sie bei dieser Fallkonstellation, da Sie das ältere Recht besitzen.

Die Rechtsprechung sagt, dass Internetnutzer Domainnamen in der Regel als einen Herkunftshinweis verstehen, wenn der Inhaber seine Domain beispielsweise als namentlichen Hinweis auf seinen Geschäftsbetrieb und nicht nur als reine Internetadressbezeichnung ähnlich einer Telefonnummer verwendet. Führen Domainnamen zu einer aktiven, im geschäftlichen Verkehr verwendeten Webseite, haben sie daher in der Regel eine herkunftshinweisende Funktion.

In seltenen Fällen kann markenrechtlicher Schutz im Sinne einer nicht eingetragenen Marke auch durch die bloße Nutzung einer Domain entstehen. Das ist der Fall, wenn schon die Domain in unterscheidungskräftiger Weise auf die Herkunft bestimmter Waren oder Dienstleistungen des Unternehmens hinweist. Daran fehlt es in der Praxis aber meistens, denn häufig dient die Domain nur dem Auffinden des Internetauftritts eines Unternehmens. Die Domain weist nicht auf ein Produkt hin. Darüber hinaus fehlt es meistens an der erforderlichen Verkehrsgeltung der nicht eingetragenen Marke.

Praxis-Tipp:

Melden Sie immer den Domainnamen auch als Marke an! Das kostet zwar – tun Sie es aber nicht, wird es später teuer.

Die bloße Registrierung einer Domain durch eine privat handelnde Person oder aber eine „inhaltsleere" Webseite können das Namensrecht eines Dritten (§ 12 BGB) betreffen.

Die Rechtsprechung versteht unter Namensanmaßung den Fall, dass ein Dritter unbefugt den gleichen Namen gebraucht, dadurch eine Zuordnungsverwirrung auslöst und außerdem schutzwürdige Interessen des Namensträgers verletzt. Nutzt also ein Webseitenbetreiber einen fremden Namen als Domain, ohne dazu berechtigt zu sein, kann ihm der Namensinhaber die weitere Nutzung verbieten. Bereits die bloße Registrierung oder das Aufrechterhalten einer Domain stellt eine solche namensrechtliche Nutzung dar.

Ausnahmen gibt es aber auch hier: Das Namensrecht ist nicht verletzt, wenn es erst nach der Domainregistrierung entstanden ist oder der Domaininhaber in einer ganz anderen Branche als der Namensträger tätig sein will.

Kommt es zur Kollision zweier gleicher Namen, entscheiden Gerichte nach dem Prinzip der Priorität. Aber auch hier gibt es eine Ausnahme: Ein Namensträger hat gegenüber dem anderen Namensträger das Nachsehen, wenn Letzterer „überragend bekannt" ist, zum Beispiel der weltbekannte Mineralölhersteller Shell®, der sich gegen einen privaten Domaininhaber namens Shell durchsetzen konnte.

Geografische Herkunftsangaben, geschützte Ursprungsbezeichnungen, geschützte geografische Angaben

Verletzt sein können auch geografische Herkunftsangaben, geschützte Ursprungsbezeichnungen sowie geschützte geografische Angaben.

Das Markengesetz schützt geografische Herkunftsangaben ebenso als Kennzeichen wie Marken und geschäftliche Bezeichnungen (§ 1 Nr. 3 MarkenG).

Geografische Herkunftsangaben dürfen Sie im geschäftlichen Verkehr nicht für Waren oder Dienstleistungen benutzen, die nicht aus dem Ort, der Gegend, dem Gebiet oder dem Land stammen, um Kunden und Geschäftspartner nicht „in die Irre zu führen". Dabei kommt es nicht auf die Größe des Ursprungsgebiets an. Es kann sich um einen kleinen Ortsteil handeln, aber auch um einen ganzen Kontinent. Schaumwein dürfen Winzer beispielsweise nur dann als Champagner kennzeichnen, wenn er aus der französischen Provinz Champagne stammt. Schutz besteht, ohne dass eine Eintragung in ein Register erforderlich ist.

Wichtig: Geschützte Ursprungsbezeichnungen sowie geschützte geografische Angaben regeln §§ 130 ff. MarkenG.

Beide Arten von Kennzeichnungen haben vor allem Bedeutung im Agrar- und Lebensmittelbereich und sind Registerrechte. Geschützte Ursprungsbezeichnungen schreiben vor, dass Erzeugung, Verarbeitung und Herstellung eines Produkts in einem bestimmten geografischen Gebiet nach einem anerkannten und festgelegten Verfahren erfolgen müssen, so z. B. „Parmaschinken". Den Schinken müssen Hersteller neuerdings sogar in Parma schneiden und verpacken. Parmaschinken bekommt man deshalb auch nur abgepackt, nicht im Ganzen hinter der Wursttheke.

Für geschützte geografische Angaben genügt es, wenn eine der Herstellungsstufen (Erzeugung, Verarbeitung oder Herstellung) in einem bestimmten Herkunftsgebiet stattfindet.

Verletzt ein Hersteller eines der vorgenannten Kennzeichenrechte, richten sich die Ansprüche – Unterlassung und Schadensersatz – nach wettbewerbsrechtlichen Grundsätzen. Diese Ansprüche können insbesondere Konkurrenten sowie Verbraucherschutzverbände geltend machen.

Geschäftsgeheimnisse

Unabhängig abzugrenzen von eingetragenen oder durch Benutzung nach außen kenntlich gewordene Kennzeichen, können Geheimnisse, welche für das Unternehmen als geistiges Betriebskapital – Know-how – gleichwohl existenziell sind, geschützt sein.

„Know-how" kann mit den Begriffen Betriebs- oder Geschäftsgeheimnis übersetzt werden.

Geschäfts- oder Betriebsgeheimnis ist jede im Zusammenhang mit einem Geschäftsbetrieb stehende, nicht offenkundige, sondern nur einem begrenzten Personenkreis bekannte Tatsache, an deren Geheimhaltung der Unternehmensinhaber ein berechtigtes wirtschaftliches Interesse hat und die nach seinem bekundeten oder doch erkennbaren Willen auch geheim bleiben soll.

Das, was ein Mitarbeiter im Kopf mitnimmt, ist kein Geheimnis im vorgenannten Sinne. Sehen wir uns einige Unterbegriffe des Know-how-Begriffs an.

Betriebsgeheimnis

Ein Betriebsgeheimnis sind eine oder mehrere Tatsachen, die nicht offensichtlich sind und den Betriebsablauf bzw. die Produktion betreffen.

Im Allgemeinen umschreibt daher der Begriff Betriebsgeheimnis etwas Technisches, was unabhängig von einem möglichen Patent oder Gebrauchsmuster Schutz genießen kann.

Folge bei einem Verstoß wäre – soweit das Betriebsgeheimnis den relevanten Betriebsteil des Konkurrenten erst ermöglicht – neben Schadensersatz auch eine Unterlassung bis hin zur Teilbetriebsstilllegung wegen eines Wettbewerbsverstoßes nach dem Gesetz gegen den unlauteren Wettbewerb (UWG).

Beispiel:

Ein Unternehmen stellt sein Produkt mit speziellen Abläufen her (Produktionsmethoden). Allein dadurch erhält das Produkt sein Aussehen oder die Qualität. Dieses ist Dritten nicht bekannt und ergibt sich auch nicht logisch oder offensichtlich aus dem Produkt selbst.

Geschäftsgeheimnis

Als Geschäftsgeheimnis bezeichnet man interne, nicht offensichtliche bzw. offenkundige Informationen aus dem kaufmännischen Bereich. Folge einer Verletzung ist ein Unterlassungs- und Schadensersatzanspruch für das geschädigte Unternehmen.

Beispiel:

Das Unternehmen besitzt umfangreiche Kundenlisten, Preiskalkulationen oder Ablaufdiagramme, die nicht offenkundig, das heißt jedenfalls in dieser umfangreichen Zusammenstellung nicht frei verfügbar sind.

Geheimhaltungswille

Zusätzlich muss der Betrieb die Informationen als Geheimnis eingestuft haben. Gleichzeitig müssen Außenstehende diesen Geheimhaltungswillen auch erkennen können.

Ist es möglich, Informationen, zum Beispiel über die Homepage, durch die Bestellung und Sichtung eines Katalogs oder die Besichtigung der Werkshallen zu verschaffen, liegt kein Geheimhaltungswille vor.

Beispiel:

- Eingangs- und Zugangskontrollen mit Namenslisten
- Besucher müssen Handys beim Pförtner abgeben

Praxis-Tipp:

Folgende Maßnahmen unterstützen bei der Wahrung des Geheimhaltungswillens:

- Kontrollen für das Betreten von Gebäuden und Räumen (Zutritt) und den Zugriff zu Dokumenten (Zugang) einrichten
- Geheimnisse durch entsprechende Kennzeichnung und Berechtigungen schützen
- Protokolle führen

Der Abfluss von Wissen ist bei einem Mitarbeiterwechsel nicht zu vermeiden. Wichtig ist, dass Sie Mitnahmen von Datenmaterial verhindern. Deshalb sollten Sie Berechtigungen mit Beschränkungen, zum Beispiel im Rahmen der Speicherberechtigung, einrichten und Downloads über Protokollierungen anonymisiert überwachen.

Ergänzender wettbewerblicher Leistungsschutz

Die Grundsätze des ergänzenden wettbewerblichen Leistungsschutzes sind nicht einfach zu verstehen. Sie beruhen auf Entscheidungen unserer Gerichte und sind vor allem in § 4 Nr. 9 UWG niedergeschrieben. Das Gesetz gegen den unlauteren Wettbewerb bezeichnen Juristen auch als Lauterkeitsrecht.

Während die gewerblichen Schutzrechte und das Urheberrecht den Schutz des jeweiligen Rechteinhabers im Blick haben, kümmern sich die Grundsätze in § 4 UWG um das Verhalten gegenüber Konkurrenten, Verbrauchern und sonstigen Marktteilnehmern. Das Gesetz gegen den unlauteren Wettbewerb will ein angemessenes Verhalten im Wettbewerb sicherstellen. Unter anderem sollen die Marktteilnehmer nicht über die Herkunft eines Produkts oder einer Leistung irregeführt werden.

Es gilt der Grundsatz: „Die Nachahmung ist dem Wettbewerb eigen." Ein generelles Nachahmungsverbot würde Fortschritt behindern.

Der ergänzende wettbewerbliche Leistungsschutz oder auch lauterkeitsrechtliche Nachahmungsschutz sichert deshalb Unternehmen keine Ausschließlichkeitsrechte. Allerdings verbietet er anderen Unternehmern Nachahmung als Marktverhalten. Es geht somit nicht um das „Ob" einer Nachahmung, sondern um das „Wie".

Wer unterliegt dem Nachahmungsverbot?

Die wichtigste Gruppe, die das Gesetz gegen den unlauteren Wettbewerb im Auge hat, ist die der aktuellen und potenziellen Mitbewerber. Der Produzent eines Luxusprodukts und derjenige einer Billigimitation sind Mitbewerber, weil das Billigangebot den Absatz des Luxusprodukts behindern könnte. Kein Mitbewerber dagegen ist derjenige, der den Werbespruch eines anderen für seine völlig anderen Waren oder Dienstleistungen adaptiert, oder derjenige, der ein ganz anderes Kundenbedürfnis anspricht.

Was ist geschützt?

Gegenstand des Schutzes sind Waren, Dienstleistungen und Arbeitsergebnisse aller Art:

- Gegenstände (z. B. Stoffe, Getriebe, Modeerzeugnisse)
- Dienstleistungen (z. B. Bank- oder Versicherungsgeschäft, Nachhilfeangebote)
- Arbeitsergebnisse (z. B. Formate von Fernsehserien)
- fiktive Gestalten (z. B. Pippi Langstrumpf, Pumuckl oder Sherlock Holmes)
- Zusammenstellungen von Daten (z. B. Aktienindizes oder Versicherungstarife)
- verkörperte Werbemittel (z. B. Kataloge oder Preislisten)
- Werbesprüche und Werbeauftritte (z. B. „Nichts ist unmöglich!")

Nicht geschützt sind:

- die abstrakte Idee (z. B. Geschäfts-, Konstruktions-, Gestaltungs- oder Werbeidee)
- allgemeine Gedanken und Lehren, Techniken, Methoden, Stilmittel, die jeweils im Interesse der Allgemeinheit und des Wettbewerbs frei bleiben müssen

Schutzvoraussetzungen der wettbewerblichen Eigenart

Voraussetzung des Schutzes ist die sogenannte wettbewerbliche Eigenart.

Diese wettbewerbliche Eigenart müssen wir von der Eigenart als Schutzvoraussetzung des Design- oder Geschmacksmusterrechts unterscheiden. Wettbewerbliche Eigenart nehmen die Juristen an, wenn die konkrete Ausgestaltung oder bestimmte Merkmale der Waren, Dienstleistungen oder Arbeitsergebnisse geeignet sind, die angesprochenen Zielgruppen (Verkehrskreise) auf ihre betriebliche Herkunft oder ihre Besonderheiten hinzuweisen. Diese Definition soll schutzwürdige Leistungen oder Arbeitsergebnisse von Dutzendware oder Allgemeingut unterscheiden. Man muss nicht wissen, wie das Unternehmen heißt, aber annehmen, dass ein Erzeugnis aus einem bestimmten Unternehmen stammt.

Die Merkmale müssen nicht neu, besonders originell oder besonders bekannt, allerdings frei wählbar sein. Wenn eine Leistung aus technischen Gründen ein bestimmtes Merkmal aufweisen muss, weil sie sonst nicht funktioniert, ist sie nicht frei wählbar.

Die wettbewerbliche Eigenart kann sich aus ästhetischen Merkmalen ergeben, die in ihrer Kombination das Produkt prägen, das der Zielgruppe den Rückschluss auf die Herkunft ermöglicht. Wettbewerbliche Eigenart hat die Rechtsprechung beispielsweise für die Lünette von Rolex®-Uhren, für die Nähte einer Jeans oder für die abgerundeten Ecken sowie die Formgestaltung des iPad® bejaht.

Wettbewerbliche Eigenart kann sich aber auch aus technischen Merkmalen ergeben, sofern es sich nicht um eine „gemeinfreie" technische Lösung handelt. Die Rechtsprechung hat das beispielsweise bejaht für bestimmte Stufenleitern oder ein Ausbeinmesser.

Weiterhin kann sich eine wettbewerbliche Eigenart auf bestimmte Farben und Farbkombinationen beziehen.

Nachahmung

Nachahmung bedeutet, dass das Original dem Nachahmer als Vorbild diente, sodass die Kopie mit dem Original identisch oder zumindest sehr ähnlich ist. Es kommt darauf an, dass die das Original prägenden Elemente bei der Nachahmung wieder auftauchen.

Juristen unterscheiden die „identische" Nachahmung, die „nahezu identische" sowie die „nachschaffende" Nachahmung.

Anbieten

Der UWG-Nachahmungsschutz bezieht sich auf das Anbieten, nicht auf das Herstellen einer Nachahmung: Jeder kann in seiner Werkstatt oder Garage basteln, was er will, solange er das Ergebnis des Bastelns nicht Dritten anbietet.

Besondere Umstände

Nachahmung ist im Wettbewerb normal. Damit das Verhalten „unlauter" ist, bedarf es daher besonderer, die Unlauterkeit begründender Umstände.

Unlauterkeit nehmen Juristen an, wenn die Nachahmung der Gestaltungsmerkmale zu einer „vermeidbaren Herkunftstäuschung" führt, das heißt die Abnehmer das Erzeugnis einem anderen Unternehmen zuordnen.

Ob eine solche Täuschung vorliegt, richtet sich – so die Rechtsprechung – danach, was „der angemessen gut informierte, angemessen aufmerksame und kritische durchschnittliche Abnehmer" erkennt, also ein fiktiver aufgeklärter Verbraucher. Richtet sich ein Produkt an Schreiner, stellen wir auf deren Erkenntnis- und Erfahrungshorizont ab, bei jungen Müttern auf deren Horizont.

Eine Herkunftstäuschung setzt eine gewisse Bekanntheit des Originals voraus. Sicherlich muss nicht jedermann oder ein großer Teil der angesprochenen Verkehrskreise das Original kennen, aber es muss doch ein relevanter Teil sein.

Unlauterkeit kann sich auch aus einer unangemessenen Ausnutzung oder Beeinträchtigung der Wertschätzung der nachgeahmten Leistung ergeben. Dabei beutet ein Wettbewerber den Ruf aus oder beeinträchtigt ihn. Das Original ist wegen seiner Qualität, seiner Exklusivität oder seines Luxus- oder Prestigewerts besonders beliebt, zum Beispiel bei Uhren, Handtaschen, Schmuck und Kleidung oder Accessoires. Eine Nachahmung täuscht dann Käufer über die Herkunft oder über die Echtheit. Im ersten Fall irrt sich der Käufer selbst über die Originalität seines Kaufs, im zweiten Fall will er gerade die Nachahmung kaufen, um sich im Image des Originals zu sonnen.

Unlauter handelt auch, wer sich unredlich, das heißt durch Straftaten (Geheimnisverrat, Datendiebstahl), in Anspruch genommenes Vertrauen oder Täuschung Kenntnisse und Unterlagen für die Nachahmung besorgt.

Schutzdauer

Die wettbewerbliche Eigenart muss in dem Zeitpunkt vorliegen, in dem der Nachahmer seine Nachahmung am Markt anbietet. Der Schutz besteht so lange fort, solange die wettbewerbliche Eigenart des nachgeahmten Produkts besteht und die Unlauterkeit begründenden Umstände vorliegen.

Unternehmenspraxis: Dokumentation, Überwachung, Beweissicherung

Schutzrechtsdokumentation

Rechte des geistigen Eigentums sind nur dann für ein Unternehmen wertvoll, wenn sie werthaltig bleiben. Dabei ergibt sich der „Wert" aus dem Monopolcharakter des Rechts.

Auch bei eingetragenen Rechten sollte man für das jeweilige Schutzrecht eine Dokumentation erstellen, die nicht nur seine Überwachung und Aufrechterhaltung ermöglicht, sondern im Zweifel schnell für einen Rechtsstreit zur Hand ist.

Zeiten und Fristen

Wichtiger Teil der Dokumentation ist ein Register für Zeiten und Fristen. Hier sollten Sie mit einer Vorlauffrist (z. B. sechs Monate) folgende Termine eintragen:

- Gebühren für Marken, Designs, Patente, Erweiterung von Rechten auf Europa oder international
- Ende der Schutzdauer bei Patenten, Marken, Designregistrierungen
- Vertragsenden (z. B. Lizenzverträge)
- Ende von Titeln und Unterlassungsverträgen

Dadurch können Sie rechtzeitig entscheiden, ob Sie beispielsweise Schutzrechte verlängern oder firmeninterne Prozesse anstoßen wollen.

Wichtig: Ihre Ansprüche aus Ihren Rechten können durch Untätigkeit verjähren bzw. verwirkt sein; Sie können sie dann nicht mehr geltend machen.

Verwirkung

Bekannt ist der Begriff Verjährung des BGB, der Begriff der Verwirkung ist vielfach unbekannt. Verwirkung bedeutet hier, dass man gegen „Treu und Glauben" verstößt, wenn man beispielsweise die Marke selbst nicht benutzt, aber anderen die Nutzung verbieten möchte. Eine gesetzliche Vermutung, dass ein Verstoß gegen „Treu und Glauben" vorliegt, ist in § 21 MarkenG geregelt. Danach verstößt es gegen „Treu und Glauben", wenn Sie Verstöße gegen Ihre Rechte als Markeninhaber über fünf aufeinanderfolgende Jahre geduldet haben und nicht gegen die Verstöße vorgegangen sind!

In diesem Fall muss der Verletzer Ihrer Rechte nicht mehr mit einer Sanktion rechnen, wenn viel Zeit vergeht und er sich in Sicherheit wiegen kann. Deshalb sollten Sie Ihre Rechte überwachen und Verstöße verfolgen.

Praxis-Tipp:

- Auch Ansprüche aus eingetragenen Schutzrechten können ihre Wirksamkeit bei zu langer Duldung verlieren (Verwirkung).
- Rechtsverletzungen sollten Sie daher zeitnah verfolgen, wenn Sie die Verletzung bemerkt haben.

Produktbenutzung

Auch die eigene Benutzung Ihres Monopolrechts (Marktbeitritt) oder die Nutzung durch autorisierte Dritte (Lizenznehmer) sowie das Verfolgen von Verstößen sollten Sie gut dokumentieren.

Nach Markenrecht müssen Sie Ihre Marke für die registrierte Warenklasse innerhalb einer Schonfrist von fünf Jahren ernsthaft nutzen. Wenn Sie Ihre Marke erst später benutzen, kann jeder (!) Dritte beim Markenamt einen Löschungsantrag stellen oder Löschungsklage erheben.

Praxis-Tipp:

Eine fortlaufende Dokumentation zur Benutzung der Marke könnte wie folgt aussehen. Archivieren Sie:

- jährlich Geschäftspapier (z. B. eine Rechnung) und Visitenkarten, Kataloge sowie Werbemittel
- jährlich die Internetseite und Zugriffstatistiken
- Rechnungen, die Sie für Google-Kampagnen gezahlt haben
- Rechnungen für Anzeigen sowie die Anzeigen selbst
- sonstige Veröffentlichungen (z. B. Zeitungsartikel)
- Produkte, Produktfotos und Produktetiketten
- Artikelnummern und Bestelllisten
- Belegexemplare oder Veröffentlichungen Dritter (z. B. Onlineshops von Abnehmern)

Urkunden, Verträge, Gerichtsentscheidungen, Unterlassungserklärungen

Soweit ein Recht am geistigen Eigentum – ob durch Eintragung oder durch Urheberrecht oder Betriebsgeheimnis – existiert, sollten Sie in Ihre Dokumentation außerdem aufnehmen:

- Registerurkunden
- Verträge mit Mitarbeitern (Arbeitnehmererfindung)
- Verträge mit Freelancern (z. B. Programmierern) oder externen Dritten (z. B. Fotografen oder Werbeagenturen)
- Lizenzverträge mit Dritten (z. B. Franchiseverträge, Fotoagenturen)
- Urteile
- Unterlassungserklärungen

Soweit Sie Urteile erstritten haben, sollten Sie sie vorsorglich für spätere Prozesse aufbewahren.

Praxis-Tipp:
Einmal erstrittene Entscheidungen beschleunigen Prozesse über andere Unterlassungsansprüche, da diese Ihre Rechte belegen.

Legen Sie vom Gegner abgegebene Unterlassungserklärungen in Ihrer Schutzrechtsdokumentation ab.

Überwachen und Überprüfen

Viele Unternehmen unterschätzen den Nutzen einer systematischen Überwachung des Marktes sowie der Auswertung bereits im Unternehmen vorhandener Informationen über Produktpiraterie. Einige unterliegen hierbei dem Irrglauben, dass sie von Produktpiraterie nicht betroffen sind oder das eigene Geschäft dadurch nicht ernsthaft beeinträchtigt wird. Oft ist man der Überzeugung, dass mit Produktpiraterie nur andere Unternehmen ein Problem hätten und „diese Probleme nur die Top-Marken bzw. Global Player beträfen" oder das eigene Unternehmen „zu klein" sei, um Produktpiraterie ausgesetzt zu sein.

Tatsächlich ist inzwischen jede Branche und ein Großteil aller Marken von Produktpiraterie betroffen. Es gib nahezu nichts, das nicht gefälscht wird!

Selbst dann, wenn Sie davon überzeugt sind, zu den wenigen Ausnahmefällen zu gehören, die nicht von Produktpiraterie betroffen sind, sollten Sie zumindest regelmäßig anhand der folgenden Punkte überprüfen, ob diese Einschätzung immer noch zutrifft oder ob es ggf. inzwischen doch Verdachtsmomente gibt, denen Sie besser nachgehen sollten.

- Gehen Ihre Marktanteile oder Umsätze zurück, obwohl die Konkurrenz keine derartigen Rückgänge verzeichnet?

  Die individuellen Teilnehmer jeder Branche vollziehen meist ähnliche Aufwärts- und Abwärtsbewegungen. Unerklärliche Abweichungen können auf schutzrechtsverletzende Erzeugnisse hinweisen.

- Haben die Gewährleistungs- oder Garantieansprüche zugenommen? Stammen die Rückläufer von Ihnen oder handelt es sich um Fälschungen? Wenn die Qualität Ihrer Produkte nachzulassen scheint, kann es sein, dass es überhaupt nicht Ihre Produkte sind.

- Können Sie vermeintlich von Ihnen stammende Erzeugnisse in unautorisierten oder unerwarteten Vertriebskanälen entdecken?

  Wenn die Erzeugnisse nicht von Ihnen stammen und/oder Sie diese Produkte nicht dort platziert haben, sollten Sie herausfinden, wer es war.

- Ist Ihre Konkurrenz Produktpiraterie bei ähnlichen Erzeugnissen ausgesetzt?

  Ähnliche Produkte und Branchen sind üblicherweise ähnlichem Marktdruck, ähnlichen Risiken und ähnlicher Angreifbarkeit ausgesetzt. Wenn Ihre Konkurrenz von Produktpiraterie betroffen ist, besteht eine hohe Wahrscheinlichkeit, dass Sie es auch sind.

- Können Sie vermeintlich von Ihnen stammende Erzeugnisse in Ländern entdecken, in denen Ihr Unternehmen weder produziert, noch verkauft?

  Soweit Sie nicht wissen, wie diese Artikel dort hingekommen sind, sollten Sie versuchen es herauszufinden. Insbesondere manche chinesischen Produktpiraten vertreiben ihre Fälschungen bevorzugt in Drittländern, in denen sie mit wenig Widerstand des Schutzrechtsinhabers rechnen.

Spätestens, wenn bei einer entsprechenden Überprüfung ein Problem offensichtlich wird, sollten Sie handeln.

Um nicht plötzlich von der Erkenntnis überrascht zu werden, dass man auch zur breiten Masse der Unternehmen gehört, deren Produkte plagiiert werden, sollten Sie früher eingreifen.

Praxis-Tipp:

Suchen Sie in dem ohnehin von Ihnen beobachteten Markt gezielt nach Schutzrechtsverletzungen. Definieren Sie interne Zuständigkeiten und Prozesse zur Dokumentation von Schutzrechtsverletzungen und sichern bei der Bestätigung von Verdachtsmomenten umfassend Beweise, um für eine außergerichtliche oder gerichtliche Auseinandersetzung mit den Plagiatoren und deren Handlangern vorbereitet zu sein.

Wichtig: Nur wer einen Überblick über auftretende Schutzrechtsverletzungen hat, ist in der Lage, frühzeitig die richtigen strategischen Entscheidungen zu treffen, um seine Produkte zu schützen.

Marktbeobachtung und -überwachung

Nach einer aktuellen Studie des VDMA zur Produktpiraterie werden vier von fünf Unternehmen durch eigene Marktkenntnis auf Plagiate aufmerksam.[1] Zwei Drittel der Unternehmen erfahren durch ihre Kunden von Plagiaten im Markt. Beobachtung und Internet-Monitoring folgen auf den weiteren Plätzen. Immer mehr Unternehmen entdecken inzwischen auch durch Reklamationen oder Hinweise auf Sicherheitsmängel, dass sie von Plagiaten betroffen sind.

Aus dieser Studie ergibt sich, dass bereits ein Viertel der befragten Unternehmen ungerechtfertigte Ansprüche (z. B. Produkthaftung, Garantie- bzw. Gewährleistungsansprüche) wegen nicht von ihnen stammenden, sondern gefälschten Produkten abwehren mussten. Innovationsschutz ist und bleibt „Chefsache". Entsprechend muss das Management eine nachhaltige Aufbau- und Ablauforganisation installieren, um Produktpiraterie erfolgreich zu bekämpfen.

1 VDMA-Studie Produktpiraterie 2016 (http://pks.vdma.org/article/-/articleview/13069313)

Aufbauorganisation

Nachfolgend einige Vorschläge, wie die interne Organisation, die Datensammlung und Datenverarbeitung aussehen könnte und wie Sie sich möglicherweise durch regelmäßige Schulungen das etwaige bereits vorhandene interne Wissen nutzbar machen können.

Zuweisung der Verantwortung an eine zentrale Stelle

Am besten ist es, einem Unternehmensbereich zentral die Verantwortung zu übertragen, der fallweise andere Abteilungen mit einbeziehen kann, aber auch allein zu handeln in der Lage ist.

Der verantwortliche Unternehmensbereich muss über umfassende Informationen über die bestehenden Schutzrechte verfügen und beurteilen können, ob Schutzrechtsverletzungen vorliegen. Dieser Unternehmensbereich sollte zudem für die Sammlung und Aufbereitung der Informationen verantwortlich sein.

Schwächen in den Unternehmensabläufen machen es Produkt- und Markenpiraterie oft zu leicht. Geben Sie den Produkt- und Markenpiraten in diesem Bereich keinen vermeidbaren Raum, um sich auszubreiten.

Praxis-Tipp:
Definieren Sie Abläufe in Ihrem Unternehmen, durch die Sie sicherstellen können, dass interne und externe Informanten sämtliche Verdachtsmomente und Informationen über Piraterieaktivitäten direkt an den verantwortlichen Unternehmensbereich weitergeben.

Aufklären und schulen

Ein entscheidender Punkt für die Bekämpfung der Produkt- und Markenpiraterie ist die regelmäßige Aufklärung und Schulung der Mitarbeiter eines Unternehmens. Häufig kann die eigene Belegschaft zur größten Informationsquelle im Kampf gegen Schutzrechtsverletzungen aufgebaut werden. Zur Sensibilisierung für die Thematik sollten die Mitarbeiter regelmäßig anhand konkreter Richtlinien geschult werden, wie das Original von einer Fälschung unterschieden werden kann. Zusätzlich kann durch eine Dokumentation, welche Auswirkungen Schutzrechtsverletzungen für die

Wirtschaft im Allgemeinen sowie speziell die konkrete Arbeitsstelle des einzelnen Mitarbeiters haben, ein Bewusstsein dafür entwickelt werden, dass die Weitergabe von Informationen zur Bekämpfung der Produkt- und Markenpiraterie nicht nur dem Unternehmen, sondern jedem Mitarbeiter selbst helfen kann. Motivationssteigernd können auch Anreizsysteme wirken, bei denen die jeweiligen Mitarbeiter für die Entdeckung und Meldung eines gefälschten Produkts Prämien erhalten.

In erster Linie sollten die Vertriebsabteilung, eine etwaige Reklamations- oder Beschwerdemanagementabteilung sowie ggf. Vertragshändler intensiv geschult werden. Diese Personenkreise bekommen eine direkte Rückmeldung aus dem Markt und erhalten oft als Erste Informationen über Schutzrechtsverletzungen oder verdächtige Aktivitäten neuer Akteure.

Trotz der damit verbundenen Erkenntnismöglichkeiten stellen gerade diese Abteilungen in der Praxis oft eine ungenutzte Ressource dar. Insbesondere im Vertrieb werden Informationen über Schutzrechtsverletzungen häufig nicht ernst genommen, geschweige denn weitergegeben. Häufig fehlt es hier einerseits am Bewusstsein, wie wichtig die Meldung von Verdachtsfällen ist. Andererseits steht oft nur das Erreichen von Vertriebszielen im Vordergrund.

Praxis-Tipp:

Regelmäßige Schulungen des Vertriebs bzw. weiterer Personenkreise mit potenziellen Berührungspunkten zu Produkt- und Markenpiraterie, über Grundlagenkenntnisse des gewerblichen Rechtsschutzes sowie Merkmale zum Unterscheiden des Originals von einer Fälschung helfen, ein Problembewusstsein zu schaffen und die interne Informationsweitergabe zu verbessern.

Datensammlung

Neben der Einbindung der Mitarbeiter und der Schaffung eines Problembewusstseins müssen von der Unternehmensleitung oder dem verantwortlichen Unternehmensbereich konkrete interne Prozesse definiert werden, wie das durch die verschiedenen Quellen erlangte Wissen dokumentiert werden kann. Als Mindestanforderung sollte ein Prozess geschaffen werden, der regelt, in welcher Form die

Informationen dauerhaft erfasst und an wen sie weitergegeben werden.

Mit Produkt- und Markenpiraterie konfrontierte Unternehmen müssen sicherstellen, dass alle aus internen und externen Quellen an das Unternehmen herangetragenen Informationen über Schutzrechtsverletzungen einerseits vom Unternehmen aufgenommen werden können und andererseits systematisch gespeichert werden. Nur auf diesem Weg können Sie sich auch den internen und externen „Wissensschatz" nutzbar machen, anstatt ausschließlich den Weg über externe Ermittler und Dienstleister zu gehen. Hierbei sollte die Dokumentation von indirekten Verdachtsmomenten (z. B. Beschwerden, Gerüchte) nicht vernachlässigt werden, da diese sehr wichtige Indikatoren für potenzielle Verletzungsfälle sein können.

Um sich auch externe Informanten nutzbar zu machen, kann je nach Branche zudem in Erwägung gezogen werden, auf der Homepage des Unternehmens eine Unterseite zu schaffen, auf der Kunden/Verbrauchern die Möglichkeit gegeben wird, ihre Beobachtungen im Hinblick auf Fälschungen mitzuteilen. Zugleich kann eine derartige Unterseite auch zu Zwecken der Kundenbindung eingesetzt werden, indem beispielsweise auf sichtbare Sicherheitsmerkmale der Waren hingewiesen wird, mit denen das Unternehmen seine Produkte vor Nachahmungen schützt.

Das qualifizierte Erfassen von Hinweisen und Verdachtsmomenten sowie die Schaffung einer ausreichenden Datenbasis zur individuellen Bedrohungslage sind die Grundlage für weiterführende Schritte gegen Produkt- und Markenpiraterie. Auf dieser Basis können dann ggf. juristische Maßnahmen oder Ermittlungen von Strafverfolgungsbehörden veranlasst werden.

Praxis-Tipp:

Der Aufbau eines Systems zum gezielten Erfassen und systematischen Auswerten von indirekten und direkten Verdachtsfällen birgt ein großes Potenzial zur Erhöhung der Effizienz im Kampf gegen die Produktpiraterie.

Beachten Sie beim Aufbau entsprechender Strukturen, dass insbesondere bei Schutzrechtsverletzungen häufig das Erfordernis besteht, gerichtliche Eilverfahren durchzuführen, um Schäden für das eigene Unternehmen schnell abzuwenden. Eilverfahren sind nur innerhalb sehr kurzer Frist (meist nur innerhalb eines Monats) ab Kenntniserlangung von einer Schutzrechtsverletzung möglich.

Wichtig: Bei der Einführung entsprechender Prozesse muss besonderer Wert auf eine schnelle Weiterleitung der erlangten Informationen gelegt werden.

Nur auf diesem Weg kann sichergestellt werden, dass die Informationen dem Unternehmen und insbesondere den entsprechenden Entscheidungsträgern rasch zur Verfügung stehen und ohne Verzögerung die richtigen Gegenmaßnahmen eingeleitet werden können.

Datenverarbeitung

Je nachdem, wie stark Ihr Unternehmen von Produkt- und Markenpiraterie betroffen ist, kann es hilfreich sein, die erlangten Informationen und Daten – unter Beachtung der datenschutzrechtlichen Vorschriften – in einer entsprechend strukturierten Datenbank zu speichern. Auf diesem Weg können beispielsweise Wiederholungstäter erkannt und rasch entsprechende Gegenmaßnahmen ergriffen werden. Für die effektive Bekämpfung der Produkt- und Markenpiraterie ist zudem ein weiterer Aspekt sehr interessant. Mithilfe spezieller Software können grundsätzlich die über diese Schutzrechtsverletzungen gesammelten Daten mit weiteren Daten aus dem Unternehmen abgeglichen werden, wodurch zuweilen ungeahnte Überschneidungen und Verbindungen aufgedeckt werden können. Eine konsequente und durchdachte Dokumentation sowie die Auswertung der Daten ermöglicht es, etwaige Querverbindungen und teilweise auch Schwachstellen im eigenen Unternehmen aufzuspüren und zu beseitigen.

Ablauforganisation

Die Zeiten sind vorbei, in denen es zur Pirateriebekämpfung ausreichte, den Markt nach billigen Imitaten abzusuchen und sich hierbei insbesondere auf Flohmärkte und Ramschläden zu konzentrieren. Vielmehr haben die Schutzrechtsinhaber heute oft mit hochwertigen Fälschungen zu kämpfen, die den Originalen derart exakt nachgebaut oder nachempfunden sind, dass sie von Laien kaum unterschieden werden können. Ohne ausreichende Marktbeobachtung und Marktüberwachung sowie Testkäufe und dergleichen sind solche Fälschungen kaum aufzudecken.

Grundsätzlich gilt bei jeder Marktüberwachung: Sobald Sie von einer potenziellen Verletzung Ihrer Schutzrechte erfahren, müssen Sie schnell handeln, da jede Verzögerung zu Ihren Lasten ausgelegt wird und sich Ihre rechtliche Situation erheblich verschlechtern könnte. Die Berichtswege müssen ab dem Zeitpunkt der Identifikation durch eindeutige Prozessvorgaben kanalisiert werden, um Verzögerungen bei der Weitergabe von Informationen zu verhindern.

Aufspüren von Fälschungen im Internet

Einen ersten Überblick kann sich das Unternehmen in den meisten Branchen selbst durch eigenständige Recherchen verschaffen. Hierfür sollten eigene Mitarbeiter regelmäßig die potenziellen Verkaufsplattformen (vor allem Internetportale und B2B-Handelsplattformen) der jeweiligen Branche dahingehend überprüfen, ob es Verdachtsmomente für Schutzrechtsverletzungen gibt. Verdachtsmomente können sich beispielsweise durch eine Übereinstimmung oder Ähnlichkeit der angebotenen Produkte mit bereits als schutzrechtsverletzend bekannter Gestaltung oder Beschreibung ergeben. Aber auch die Art der Bezugsquellen, marktunübliche Preise oder Verkaufsbedingungen können Verdachtsmomente auslösen und eine genauere Überprüfung sowie einen Testkauf rechtfertigen.

Soweit es Hinweise darauf gibt, dass ein umfangreicher Handel von schutzrechtsverletzenden Waren auf Online-Handelsseiten (B2C und B2B) sowie Auktionsplattformen wie eBay® stattfindet, sollte darüber nachgedacht werden, diese durch ein gezieltes Marken-, Logo- und Produkt-Monitoring professionell überwachen zu lassen. Die hohe Spezialisierung sowie die langjährige Erfahrung entsprechender Dienstleister können im Vergleich zur internen Suche eine erheblich höhere Trefferquote sowie wichtige Zusatzinformationen bringen.

Eine derartige Überwachung funktioniert stark vereinfacht wie eine Suchmaschine. Es werden Markennamen und Logos oder Stichworte definiert und das Überwachungssystem durchsucht nahezu das gesamte Web. Den Online-Detektiven bleibt dabei meist kaum etwas verborgen. Sie finden die definierten Stichworte, unabhängig davon, ob die relevante Information im Domain-Namen, im sichtbaren und unsichtbaren Seitentext, im Quellcode, in den Metatags oder in Links verborgen ist. Selbst die Identifikation und der Abgleich von Logos sind hierbei grundsätzlich möglich.

Derartige Dienstleister können den Unternehmen zudem die Verwaltung der erhobenen Daten erleichtern und somit helfen die Bedrohungen, die von den jeweiligen Seiten ausgehen, besser einzuschätzen. Beispielsweise ist es möglich, über die Monitoring-Systeme Auskunft darüber zu erhalten, wie viel Traffic auf der identifizierten Seite generiert wird, ob Transaktionen über sie abgewickelt werden und teilweise auch, ob und mit wem die Anbieter in juristischer oder wirtschaftlicher Verbindung stehen.

Messerundgang

Die Überwachung der relevanten Messen darf in den meisten Branchen nicht als Mittel zum Auffinden von Schutzrechtsverletzungen unterschätzt werden. Die potenzielle Wichtigkeit einer Messeüberwachung wird auch durch das Ergebnis der aktuellen VDMA-Studie zur Produktpiraterie gestützt.[2] Die Hälfte der befragten Unternehmen gab an, auf Messen von Plagiaten Kenntnis erlangt zu haben.

Praxis-Tipp:

Soweit Sie Ihre Produkte auf Messen ausstellen, sollten Sie Ihr Messepersonal dementsprechend schulen und regelmäßig verdeutlichen, wie wichtig es ist, jeden Verdacht auf Schutzrechtsverletzungen umgehend zu melden. Außerdem sollte das Messepersonal vor jeder Messe nochmals über die eigenen Schutzrechte und etwaige Erkennungsmerkmale informiert werden, um mögliche Schutzrechtsverletzungen ausfindig machen zu können. Benennen Sie einen verantwortlichen Ansprechpartner Ihres Standpersonals, der über den weiteren Ablauf informiert ist und an den unverzüglich auf der Messe bekannt gewordene Schutzrechtsverletzungen zu melden sind.

Vor Beginn der Messe können Sie über den Ausstellerkatalog feststellen, ob Unternehmen auf der Messe vertreten sind, die eventuell früher schon einmal gegen Ihre Schutzrechte verstoßen haben oder ob sonstige Hinweise auf schutzrechtsverletzende Produkte zu finden sind.

---

2 http://pks.vdma.org/article/-/articleview/13069313

Am Aufbautag oder spätestens am ersten Messetag sollten Sie sich durch einen Messerundgang ein vollständiges Bild von den auf der Messe ausgestellten Produkten machen und mit Ihrem Schutzrechtsbestand abgleichen. Vor allem die bereits im Vorfeld anhand des Ausstellerkatalogs identifizierten verdächtigen Stände sollten Sie gezielt in Augenschein nehmen.

Insbesondere, wenn es bereits im Vorfeld der Messe Hinweise auf drohende Schutzrechtsverletzungen gibt oder beim Messerundgang Verdachtsmomente auftauchen, ist ein rein überwachender Messerundgang nicht ausreichend. In diesem Fall sollte in enger Zusammenarbeit mit dem Zoll und spezialisierten Rechtsanwälten versucht werden, bereits vor dem ersten Messetag oder umgehend nach Eröffnung der Messe aktiv zu werden.

Überwachen der Verkaufsstellen und Testkäufe

Soweit Ihre Produkte schließlich in Verkaufsstellen angeboten werden, sollten Ihre entsprechend geschulten Vertriebsmitarbeiter bzw. ggf. Detekteien oder sonstige Dritte regelmäßige Überprüfungen der Ware auf Originalität vornehmen und hierbei auch bewusst nach „sehr ähnlichen" Produkten Ausschau halten. Bei Verdachtsfällen sollten Muster gekauft werden, um diese genauer untersuchen und analysieren zu können – und um für den Fall eines Rechtsstreits ein Beweisstück zu haben.

Grenzbeschlagnahme

Auch die Teilnahme am Grenzbeschlagnahmeverfahren des Zolls zählt zu den Instrumenten der Marktbeobachtung und Marktüberwachung.

Sobald der Zoll im Wege der Grenzbeschlagnahme schutzrechtsverletzende Waren sichergestellt hat, liegt einerseits eine Bestätigung vor, dass Sie von Produkt- bzw. Markenpiraterie betroffen sind. Andererseits können Sie über die im Rahmen der Grenzbeschlagnahme vom Zoll erhobenen Daten wichtige Informationen über den Ursprung dieser Waren und deren Vertriebsweg erlangen.

Wichtig: Der Zoll kann anhand der lediglich durchgeführten Stichproben nur einen sehr kleinen Teil des bestehenden Handels mit schutzrechtsverletzender Ware entdecken. Soweit Fälschungen Ihrer Erzeugnisse überhaupt vom Zoll entdeckt werden, ist es sehr wahrscheinlich, dass es sich hierbei lediglich um die Spitze des Eisbergs handelt.

Beweise sichern und dokumentieren

Für die erfolgreiche Bekämpfung von Produkt- und Markenpiraterie ist es wichtig, dass Sie sich vor bzw. während der Einleitung eines Verfahrens so viele Beweise wie möglich verschaffen. Haben Sie die Vermutung oder sogar bereits festgestellt, dass Ihre Schutzrechte verletzt werden, sollten kurzfristig alle greifbaren Informationen über den Verletzungsfall und den Verletzer gesammelt werden. Je schlüssiger die Beweise sind, die im Fall einer außergerichtlichen oder gerichtlichen Auseinandersetzung vorgelegt werden können, desto größer sind die Erfolgsaussichten.

Praxis-Tipp:

Eine gute und umfassende Dokumentation der Verletzung ist wichtig, um in der späteren Auseinandersetzung nicht „Schiffbruch zu erleiden", weil wichtige Fakten gar nicht oder nicht gerichtsverwertbar vorgelegt werden können.

Beachten Sie im Rahmen der Beweisermittlung und -sicherung sowie der etwaigen Identifikation der Fälscher stets, dass Produkt- und Markenpiraterie teilweise Überschneidungspunkte mit der organisierten Kriminalität aufweist. Eigene Ermittlungen vor Ort (insbesondere im Ausland) können somit gefährlich sein und sollten externen Ermittlern und/oder spezialisierten Rechtsanwälten überlassen werden.

Die Art der Beschaffung von Beweismitteln hängt vom jeweiligen Einzelfall ab. Folgende Informationen können wichtig sein:

- Genaue Dokumentation der Fakten und des Fallhergangs einschließlich der beteiligten internen und externen Personen. Dazu gehört insbesondere eine Dokumentation der potenziellen Verletzungen mit Fotos, Prospekten, Werbebroschüren, Screenshots von Internetseiten, Rechnungen, Messeauftritten (idealerweise Fotos des gesamten Standes mit Standnummer – trotz offiziellen Verbots wird dies häufig geduldet –, Prospekte und ggf. Testkäufe), Mustern und Zeugen.

- Genaue Bezeichnung des potenziellen Verletzers (Name, Firmierung, genaue Adressangaben etc.)

Testkauf

Sobald Verdachtsmomente aufgetreten sind, sollte versucht werden, Muster des verdächtigen Erzeugnisses zu kaufen, um für etwaige nachfolgende außergerichtliche oder gerichtliche Auseinandersetzungen eine gute Beweislage zu schaffen.

Praxis-Tipp:
Dokumentieren Sie bei jedem Testkauf den gesamten Ablauf vom Angebot, über etwaige Korrespondenz und/oder persönliche Gespräche oder Telefonate, bis zur Auslieferung der Produkte. Fertigen Sie beim Kauf über Internet von jedem Schritt einen Screenshot.

B2C-Testkauf

Die Durchführung von Testkäufen kann in vielen Fällen (insbesondere, wenn es sich lediglich um einen geringfügigen Handel auf B2C-Handelsplattformen wie eBay® oder Internetshops für Verbraucher handelt) intern durch eigene Mitarbeiter erfolgen. Bei der Durchführung ist darauf zu achten, dass alle Schritte sofort dokumentiert werden. Beispielsweise ist ein potenziell verletzendes Angebot eines eBay®-Händlers oder eines Internetshops durch Screenshots des Angebots (idealerweise inklusive etwaiger Unterseiten und/oder Produktbilder) zu dokumentieren.

Um Sicherheit für etwaige Zeugenaussagen der für die Testkäufe zuständigen Mitarbeiter in einem Gerichtsverfahren zu schaffen, sollte hierbei neben einer Dokumentation der konkreten URLs auch erfasst werden, wer den Screenshot wann angefertigt hat.

Alternativ zur internen Durchführung können darauf spezialisierte Dienstleister/Detekteien oder Rechtsanwälte für Testkäufe beauftragt werden. Dabei ist es von Nutzen, wenn der Dienstleister bereits Erfahrung mit der Art der von Ihnen hergestellten Produkte hat, um aufgrund bereits vorhandener Kenntnisse Fälschungen leichter erkennen zu können. Eine langfristige Zusammenarbeit mit denselben Testkäufern hat sich in der Praxis als sehr hilfreich erwiesen, da diese im Lauf der Jahre erhebliche Branchenkenntnisse erworben haben. Derartige Kenntnisse sind insbesondere dann unverzichtbar, wenn es nicht um minderwertige Fälschungen geht, sondern um solche, deren Identifizierung nur schwer möglich ist.

B2B-Testkauf

Für viele branchenüblichen B2B-Handelsplattformen (bei denen die Produkte an jedermann verkauft werden) gelten keine Besonderheiten. Da häufig für die Anmeldung ein Gewerbenachweis erforderlich ist, sollten sinnvollerweise verbundene (unauffällige) Unternehmen oder Dienstleister hinzugezogen werden, um potenziellen Verkäufern nicht zu offenbaren, dass es sich um einen Testkauf handelt.

Für Testkäufe bei einigen speziellen B2B-Handelsplattformen oder bei Händlern, die – was im Bereich der Produkt- und Markenpiraterie üblich ist – nur über den persönlichen Kontakt Angebote unterbreiten, ist die Herangehensweise zumeist komplexer. In solchen Fällen hat es sich in der Praxis als hilfreich erwiesen, sich der Hilfe von Detekteien oder anderen spezialisierten Dienstleistern zu bedienen. Diese verfügen häufig über fiktive oder reale Firmen und Handelsunternehmen, die – was zur Geschäftsanbahnung im Bereich des Großhandels bei Produkt- und Markenpiraterie von großer Bedeutung sein kann – professionell eine entsprechende Legende aufbauen können. Zudem ist es von Vorteil, wenn diese Detekteien oder anderen spezialisierten Dienstleister ggf. von Ihnen hinsichtlich der erforderlichen Branchenkenntnis eingewiesen werden, bevor eine Kontaktaufnahme erfolgt, um nicht durch Unkenntnis aufzufallen.

Messestände und Verkaufsstellen

Sind Sie beispielsweise im Rahmen eines Messerundgangs auf eine Schutzrechtsverletzung gestoßen, sollten Sie versuchen, möglichst umfangreich Beweise zu sichern, ohne dass der Rechtsverletzer darauf aufmerksam wird. Lassen Sie sich Proben oder Muster, Kataloge und Visitenkarten geben und machen Sie – wenn möglich – Fotos von den präsentierten Produkten.

Zur Verbesserung der Beweissituation für ein ggf. anschließendes Gerichtsverfahren sollten Sie bei der Überprüfung eines verdächtigen Messestands oder einer entsprechenden Verkaufsstelle einen

Dritten als Zeugen mitnehmen, der die festgestellten Ergebnisse bestätigen kann.

Wichtig: Achten Sie dabei darauf, dass der Dritte vor Gericht tatsächlich auch als Zeuge vernommen werden kann. Beispielsweise ist ein gesetzlicher Vertreter Ihres Unternehmens bei Gericht nicht als Zeuge zugelassen.

Die Wahrnehmung des Zeugen kann über eine eidesstattliche Versicherung in ein gerichtliches Eilverfahren eingebracht werden.

Informationen zum Verletzer

Sammeln Sie so viele Informationen wie möglich über den Verletzer. Insbesondere sind folgende Punkte wichtig:

- Wer genau ist der Verletzer?
- Agiert der Verletzer allein oder sind mehrere Unternehmen beteiligt?
- Handelt es sich bei dem Verletzer um ein Unternehmen oder eine Privatperson?
- Im Fall eines Unternehmens: Welche Rechtsform hat es? Wer vertritt es? Wer hat bei der Schutzrechtsverletzung tatsächlich gehandelt?
- Gibt es ggf. eine Verbindung vom Verletzer zu Ihren Kunden, Lieferanten, Handelspartnern?
- Wenn möglich sollte (ggf. über eine der vielen Wirtschaftsauskunfteien) nicht nur eine Bonitätsauskunft, sondern auch ein umfassender Bericht über die Gesellschaft einschließlich der Gesellschafterliste und etwaigen Verknüpfungen der Gesellschafter oder gesetzlichen Vertreter zu anderen Firmen eingeholt werden. Wie in allen Bereichen der Kriminalität besteht im Bereich der Schutzrechtsverletzungen ein Hang zur Wiederholungstat. Deswegen sollten die wirtschaftlichen und personellen Verflechtungen eines schutzrechtsverletzenden Unternehmens routinemäßig dahingehend überprüft werden, ob ggf. Beziehungen zu bereits bekannten Verletzern bestehen.

Informationen zur Lieferkette

Versuchen Sie nach Möglichkeit, die gesamte Lieferkette des potenziellen Verletzers lückenlos nachzuvollziehen und zu dokumentieren. Häufig lassen sich über die Verfolgung der Zahlungsströme oder Querverbindungen der Produkt- und Markenpiraten hilfreiche Informationen zum Kampf gegen Produkt- und Markenpiraterie gewinnen. Querverbindungen können jedoch meist nur entdeckt werden, wenn eine ausreichende Erfassung und Dokumentation vorangegangener Schutzrechtsverletzungen besteht. Auch hier wird erneut deutlich, dass eine umfassende, durch klare Prozessvorgaben kanalisierte Dokumentation eine wichtige Grundlage im Kampf gegen immer stärker vernetzt agierende Fälschernetzwerke ausmachen kann.

3 Vorbereitung der Grenzbeschlagnahme

Aufgabe des Zolls

Ein großer Teil der auf dem europäischen Markt angebotenen und zu erwerbenden Fälschungen kommt aus Drittländern, das heißt aus Staaten, die nicht Mitglied der EU sind. In den letzten Jahren führten insbesondere Länder des asiatischen Raums die Hitliste der Herkunftsländer der auf dem Binnenmarkt illegal angebotenen Mitbewerberprodukte an. Damit diese Waren in den freien Verkehr der Europäischen Gemeinschaft gelangen können, müssen diese an den EU-Außengrenzen unter Erhebung von Einfuhrabgaben und unter Berücksichtigung einfuhrrechtlicher Verbote oder Beschränkungen zollamtlich abgefertigt werden. Die Kontrolle des grenzüberschreitenden Warenverkehrs ist eine der Kernaufgaben der Zollverwaltung. Der Zollbehörde kommt damit eine besondere strategische Bedeutung zu, da sie bereits vor dem tatsächlichen Inverkehrbringen solcher Produkte auf den Binnenmarkt ggf. mit solchen Waren in Kontakt kommt und unter gewissen Voraussetzungen die Möglichkeit besitzt, diese erst gar nicht dorthin gelangen zu lassen.

Der Schutz von gewerblichen und geistigen Schutzrechten ist eine der der Zollverwaltung im gemeinschaftlichen Zollrecht (Zollkodex) übertragenen Aufgaben. Das Tätigwerden wird allgemein als Grenzbeschlagnahme bezeichnet. Ein zunächst etwas irreführender Begriff, da die Zollbehörde nicht nur bei einer Grenzkontrolle tätig wird, sondern – gerade im Hinblick auf die der Wirtschaft offen stehenden und vielfältigen zollrechtlichen Erleichterungen – unter anderem auch an den Binnenzollstellen (z. B. an Autobahnen), beim Warentransport oder der Lagerung in Zolllagerverfahren tätig werden kann. Sprich: Die Grenzbeschlagnahme greift überall dort, wo Waren der zollamtlichen Überwachung unterliegen, somit nicht nur an der Grenze, sondern häufig am Bestimmungsort des Empfängers.

Seit 1995 hat alleine die deutsche Zollverwaltung über 600 Millionen rechtsverletzende Waren angehalten (Stand: Januar 2013). Die Aufgriffszahlen stiegen dabei stetig und in hohem Maße. Konnte die deutsche Zollverwaltung im Jahr 1995 563 Erfolge verzeichnen, so erreichten diese im Jahr 2013 mit 26.127 eine neue Rekordhöhe. Tendenz weiterhin steigend.

Grenzbeschlagnahme als Teil einer Schutzrechtsstrategie

Das Instrument der sogenannten Grenzbeschlagnahme oder anders ausgedrückt, die Zusammenarbeit mit der Zollbehörde hat sich als ein strategisch bedeutendes wie wirkungsvolles Mittel gezeigt und bewährt. Die sogenannte Grenzbeschlagnahme ist aber nicht das alleinige Allheilmittel, sondern nur ein Baustein in einem vom Rechteinhaber zu verwaltenden Gesamtbaukasten an Schutzrechtsstrategien.

Somit stellt sich die Frage, wann sich ein Unternehmen mit einer Grenzbeschlagnahme auseinandersetzen muss. Das Problem besteht darin, dass oft nicht abzuschätzen ist, ob das Unternehmen bereits in das Blickfeld der Fälscher geraten ist und wann und auf welchem Weg Fälschungen ein- oder ausgeführt werden. Aus diesem Grund muss sich ein verantwortungsvoller Inhaber von Schutzrechten frühzeitig mit der Grenzbeschlagnahme beschäftigen – spätestens, wenn die eigene Produktionslinie in einem Nicht-EU-Mitgliedstaat angesiedelt ist und Einfuhren aus Drittländern vermutet werden. Rund 50 Prozent der in Deutschland gestellten Anträge sind erfolgreich. Sollten Sie der zweite, vierte oder sechste Leser dieses Leitfadens sein und sich noch nicht zum Einschalten der Zollbehörde Gedanken gemacht haben, wird es jetzt Zeit für Sie.

Hilfestellung bietet die Bundeszollverwaltung:

Bundesfinanzdirektion Südost
Zentralstelle Gewerblicher Rechtsschutz (ZGR)
Sophienstraße 6
80333 München

Weitere Kommunikationsmöglichkeiten der ZGR finden Sie stets aktuell im Internet unter: www.ipr.zoll.de

Die ZGR wurde 1995 vom Bundesministerium der Finanzen eingerichtet. Sie bewilligt und betreut bundesweit alle Anträge auf Tätigwerden der Zollbehörden, die für Deutschland, aber auch für andere Mitgliedstaaten der Europäischen Gemeinschaft gestellt werden. Darüber hinaus informiert und berät die ZGR die Unternehmen über die Möglichkeiten der Zusammenarbeit mit der Zollbehörde. Da das Grenzbeschlagnahmeverfahren Rechte zugesteht, aber auch Verpflichtungen begründet, ist es wichtig, sich im Vorfeld hierüber zu informieren, damit die Maßnahmen der Zollbehörde zielgerichtet und erfolgversprechend geführt werden können und es nicht ggf. zu ungewollten Überraschungen kommt.

Die Zollbehörden werden nicht von Amts wegen tätig. Es ist ein Antrag eines Inhabers von Schutzrechten nötig. Dieser Antrag ist bei der ZGR zu stellen. Erst nach einer Bewilligung werden die Zolldienststellen über die Antragsinhalte und ggf. die besondere Problemstellung des Rechteinhabers informiert.

Hinzuziehen der Zollbehörde

Das Tätigwerden der Zollbehörde ist antragsgebunden. Mit einem Antrag schaffen Sie die gesetzliche Basis, dass die Zollbehörde im Rahmen ihrer zollamtlichen Prüfung beim Erkennen möglicher rechtsverletzender Produkte tätig werden kann und Sie über diese Maßnahme unterrichtet werden können. Über die Aufgriffsinformationen erhalten Sie einen Einblick in das Ihren Rechtsbereich betreffende grenzüberschreitende Abfertigungsgeschehen. Zudem bekommen Sie Informationen, die sonst nur der Zollverwaltung und keinem Dritten zugänglich sind.

Daneben können Sie den Zollbeamten Ihre persönliche Problemstellung nahebringen, sie für Ihre Thematik sensibilisieren und ihnen beim Erkennen von entsprechenden Produkten Hilfestellung geben.

Die Zollbehörde hat sich über die Jahre einen großen Erfahrungsschatz im Bereich der Themensensibilisierung und Produkterkennung angeeignet. Das bedeutet nicht, dass Sie sich für Ihr Produktportfolio zurücklehnen und darauf hoffen können, dass die Zollbehörde auf Sie zukommen wird. Sie müssen die Mitarbeiter des Zolls sensibilisieren.

Gerade aufgrund der Masse an vorhandenen Schutzrechten und der bestehenden Produktvielfalt ist es zumeist nicht mehr möglich einzuschätzen, ob und welche Rechte verletzt sein können und ob es sich ggf. um eine berechtigte Lieferung bzw. um Originale handelt. Mit dem Antrag haben Sie die Möglichkeit, die Zollbehörde auf besondere Produkte, Neuerungen oder Entwicklungen hinzuweisen und Ihr Warenspektrum in ein besonderes Licht der Zollverwaltung, quasi aus dem Schatten herauszuführen.

Wo und Wie ist der Antrag zu stellen?

Jeder Mitgliedstaat hat eine zentrale Stelle für die Entgegennahme und Bearbeitung von Anträgen auf Tätigwerden benannt.

In Deutschland ist für alle Anträge für Deutschland bzw. die EU die Bundesfinanzdirektion Südost, Zentralstelle Gewerblicher Rechtsschutz, in München zuständig (www.ipr.zoll.de).

Die Antragstellung ist dabei nur über über das elektronische Antragstool *ZGR-online* der Bundeszollverwaltung möglich. Dazu benötigen Sie einen Computer, Internetzugang und die Berechtigung (Account) für diese Anwendung.

Die Registrierung erfolgt schnell und einfach entsprechend den im Internet üblichen Registrierungsabfragen über www.ipr.zoll.de. Nach erfolgter Freischaltung (Sie erhalten eine Bestätigungsmail) haben Sie einen personifizierten Zugang zum System und nun die Möglichkeit, einen Antrag auf Tätigwerden zu stellen. Der Zugang zu *ZGR-online* verpflichtet Sie zunächst nicht zur Abgabe eines Antrags. Sie können diesen auch rein vorsorglich einrichten und Antragsdaten eingeben, ohne dass dies zunächst Maßnahmen der Zollbehörde zur Folge hätte.

Welcher Antrag ist zu stellen?

Mit dem Zugang zu *ZGR-online* ist der erste Schritt getan. Sie haben die Wahl zwischen drei Arten eines Neuantrags:

- Nationaler Antrag
- Unionsantrag
- Antrag nach rein nationalen Rechtsvorschriften

Ein *nationaler Antrag* gilt nur in dem Mitgliedstaat, in dem er gestellt worden ist. Ein bei der ZGR gestellter nationaler Antrag ist somit nur in Deutschland gültig. Der nationale Antrag kann alle für Deutschland geltenden Schutzrechte beinhalten.

Ein *Unionsantrag* wird – wie auch der nationale Antrag – auf der Basis der Regelungen der Verordnung (EU) Nr. 608/2013 gestellt, das heißt bei Fälschungen, die aus einem Drittland in die Europäische Gemeinschaft verbracht werden sollen. Dieser Antrag kann für mehrere bzw. alle Mitgliedstaaten gestellt werden. Er muss jedoch für den Mitgliedstaat, in dem er gestellt wurde und für mindestens einen weiteren Mitgliedstaat gültig sein. Ein bei der ZGR gestellter Unionsantrag gilt damit in Deutschland und mindestens einem weiteren Mitgliedstaat. In den Unionsantrag können nur Schutzrechte aufgenommen werden, die auf der Basis der Rechtsvorschriften der Union unionsweite Rechtswirkung besitzen (z. B. Gemeinschaftsmarke, Gemeinschaftsgeschmacksmuster).

Um sicherzustellen, dass es an den EU-Außengrenzen zu keiner Schutzlücke kommt, ist grundsätzlich die Beantragung für alle Mitgliedstaaten anzuraten. Nur, wenn die Fälschungen mit ziemlicher Sicherheit auf gewisse Märkte begrenzt werden können, reicht die Antragstellung für den hier im Fokus stehenden Mitgliedstaat aus.

Ein *Antrag nach rein nationalen Rechtsvorschriften* deckt die Fälle ab, die nicht von der Verordnung (EU) Nr. 608/2013 umfasst sind. Dabei handelt es sich in der Regel um Kontrollen im innergemeinschaftlichen Warenverkehr, sogenannte Parallelimporte oder Overruns, das heißt eine über eine genehmigte Lizenzmenge hinausgehende Mehrproduktion.

Da es aufgrund des Binnenmarkts keine Grenzabfertigungen mehr gibt und sich die Kontrollen auf reine Gelegenheitskontrollen im Land- oder Schnellstraßenverkehr beziehen, ist beispielsweise ein Antrag, der sich nur auf Lieferungen von Gemeinschaftswaren aus Italien nach Deutschland fokussiert, wenig erfolgversprechend.

Die Erfahrung zeigt, dass diese Anträge sich hauptsächlich auf Parallelimporte, also Originalwaren, die ohne Zustimmung des Rechteinhabers in den Europäischen Wirtschaftsraum (EWR) gelangen sollen, beziehen.

Die Beantragung für Overruns hat sich bislang nicht als praktikabel erwiesen, da die erforderlichen Informationen für die Prüfung durch die Zollbehörde fehlen.

Für Kontrollen im innergemeinschaftlichen Warenverkehr von Parallelimporten oder Overruns müssen demnach im Rahmen des Antragsverfahrens Informationen zur Verfügung gestellt werden, die es der Zollbehörde ermöglichen, eine offensichtliche Rechtsverletzung festzustellen. Sind Sie nicht in der Lage, die Vertriebskette Ihres Unternehmens und alle Möglichkeiten von Warenlieferungen Ihrer Produkte abzubilden, sollten Sie von dieser Möglichkeit der Antragstellung Abstand nehmen.

Was kostet die Antragstellung und wie schnell erfolgt die Bewilligung?

Frei nach dem Motto „der Antrag ist nicht umsonst, aber gebührenfrei" kosten Sie die Antragstellung und die nachfolgende Bewilligung nur etwas Zeit und Geduld. Beachten Sie aber, dass die Kostenfreiheit nur das Antragstellungs- und Bewilligungsverfahren betrifft. Im weiteren Verlauf und sobald die Zollstellen tätig werden, kommen auf Sie Kosten für die Lagerung, Beförderung und Vernichtung der angehaltenen Waren zu.

Seit dem 01.06.2014 wurde die hierfür einschlägige Zollkostenverordnung auf ein Pauschalierungssystem umgestellt. So werden – abgestuft nach der Größe der Sendung – Gebühren von 15 bis 85 Euro fällig. Nur bei großen Warensendungen (per Lkw, Seecontainer) werden die tatsächlichen Kosten für Lagerung, Beförderung, Vernichtung und die Begleitung durch die Zollbehörde abgerechnet.

Die ZGR ist verpflichtet, Ihnen ihre Entscheidung über Ihren Antrag innerhalb von 30 Arbeitstagen mitzuteilen. Unter Arbeitstagen versteht man dabei jeden Arbeitstag ohne Samstag, Sonntag und bundesweit gültige Feiertage.

Innerhalb dieser Zeit prüft die ZGR die rechtlichen Voraussetzungen der Antragstellung, das heißt, ob ein Schutzrecht besteht, dieses gültig ist und Sie auch antragsberechtigt sind. Ihre Informationen werden daraufhin geprüft, ob diese für die Zollbeamten vor Ort verständlich sind und den Verdacht einer Rechtsverletzung begründen können. Bei Klärungsbedarf werden die Punkte kurzfristig und unbürokratisch geklärt. Sie erhalten über *ZGR-online* eine Prüfungsnachricht, in der Sie auf die fehlenden Angaben und Informationen aufmerksam gemacht und um Überarbeitung bzw. Vervollständigung gebeten werden.

Beachten Sie, dass Ihnen für die Überarbeitung bzw. Vervollständigung Ihres Antrags nur zehn Arbeitstage zur Verfügung stehen. Wird nicht innerhalb dieser Frist nachgebessert, muss Ihr Antrag abgelehnt werden.

Ist Ihr Antrag bewilligt, werden alle Zolldienststellen in Deutschland und bei Unionsanträgen auch die der Mitgliedstaaten darüber unterrichtet.

Was ist beim Ausfüllen der Antragsmasken zu beachten?

Das Antragssystem *ZGR-online* bietet zunächst die Möglichkeit, Antragsdaten wie Namenslisten, Warenbeschreibungen und Bilddokumentationen in Anlagenformaten oder als Freitext elektronisch zu übermitteln und diese Daten im eigenen Antragsaccount zu verwalten und zu aktualisieren. Daneben hat es für den Antragsteller den Effekt eines Leitfadens. Anhand der zu befüllenden Masken wird der Antragsteller auf die für die Zollbehörde interessanten Informationen hingewiesen und systematisch nach deren Verfügbarkeit befragt.

Nicht alle Fragen der einzelnen Masken müssen beantwortet werden, wenn dazu keine Informationen vorliegen bzw. keine verwertbaren Angaben gemacht werden können. Datenqualität geht vor Datenquantität. Bedenken Sie allerdings, dass ein Zielort nur dann schnell und zielsicher erreicht werden kann, wenn die Wegbeschreibung die wichtigen und notwendigen Informationen enthält.

Der Antrag

Der Antrag lässt sich in sieben Themengruppen unterteilen:

- Basisdaten zum Antragsteller
- Kontaktpersonen
- Zusammenstellung der Schutzrechte
- Hinweise zu Originalen
- Hinweise zu Fälschungen
- Angaben zur Bewertung eines Abfertigungsrisikos
- Gesonderte Zusatzanträge

Antragsteller

Zunächst sind die üblichen Kontaktdaten zum Antragsteller anzugeben. Die Verordnung (EU) Nr. 608/2013 legt den Personenkreis fest, der berechtigt ist, einen Antrag auf Tätigwerden der Zollbehörde zu stellen. In der Regel wird der Antrag vom Inhaber des

Rechts, einem Nutzungsberechtigten oder dem Inhaber einer ausschließlichen Lizenz gestellt. Der berechtigte Personenkreis wird in der Maske „Antragsteller“ in einer Liste angeboten und kann hier ausgewählt werden.

Der Inhaber eines Schutzrechts weist seine Schutzrechtsinhaberschaft durch den Eintrag im jeweiligen Rechteregister nach. Aufgrund der mittlerweile über das Internet verfügbaren Datenbanken der nationalen und internationalen Marken- und Patentämter bedarf es beim Nachweis keinerlei Vorlage von beglaubigten Rollenauszügen.

Auch ein Nutzungsberechtigter kann bei der Antragstellung auf diese Datenbanken zurückgreifen, er muss jedoch weiterhin seine Nutzungsberechtigung mit einem schriftlichen Nachweis, zum Beispiel in Form eines Lizenzvertrags oder einer gesonderten Ermächtigung durch den Inhaber des Schutzrechts, belegen.

Jeder Antragsteller muss berechtigt sein, ein mögliches Gerichtsverfahren selbst einzuleiten.

Kontaktpersonen

Im Fall eines Aufgriffs ist die enge Kommunikation zwischen der Zollbehörde und dem Antragsteller von besonderer Bedeutung. Neben der Mitteilung der Zollbehörde über eine durchgeführte Maßnahme gibt es jedoch häufig weitere Punkte, die zu klären sind. Das kann der Versand eines Fotos sein, ein erläuterndes Telefonat zu einem Erkennungshinweis oder das Anfordern ergänzender Hinweise zu einem konkreten Sachverhalt vor Ort. Damit dies reibungslos und vor allem schnell vonstatten gehen kann, muss der Antragsteller entsprechende Kontaktpersonen benennen.

Das Verfahren unterscheidet hier zwischen dem Ansprechpartner für Verwaltungsfragen und einem Sachverständigen.

Der *Ansprechpartner für Verwaltungsfragen* ist zunächst die wichtigste Person, da sie unmittelbar für den Antragsteller spricht und unter anderem die Entscheidung darüber trifft, ob eine Rechtsverletzung vorliegt oder ein gerichtliches Verfahren einzuleiten ist. Sie entscheidet über die aus der Maßnahme entstehenden rechtlichen Konsequenzen.

Der *Sachverständige* befasst sich ausschließlich mit dem aufgegriffenen Produkt und prüft anhand der ihm bekannten Hinweise, ob es Originalware oder eine Fälschung ist. Er kann keine Aussage über die rechtliche Bewertung eines Sachverhalts treffen.

In der überwiegenden Anzahl der Anträge nehmen Anwaltskanzleien die Aufgaben des Ansprechpartners wahr. Die Kanzlei muss sich durch eine vom Rechteinhaber ausgestellte Vollmacht ausweisen. In der Regel reicht bei einem Unionsantrag die Benennung einer Ansprechperson für den jeweiligen Mitgliedstaat aus. Es gibt aber auch Fälle, in denen von einzelnen Mitgliedstaaten eine gesonderte Vollmacht auf der Basis der jeweiligen nationalen Vorschriften oder eine besondere Form der Registrierung gefordert wird. Da es hierfür keine Handlungsübersicht der einzelnen Mitgliedstaaten gibt, müssen Sie darauf warten, was der Mitgliedstaat anfordert, und dieser Anforderung nachkommen.

Die Verantwortlichkeit des Sachverständigen nimmt in der Regel ein Mitarbeiter des Antragstellers wahr, der über die besten und aktuellsten Produktinformationen verfügt.

Es ist nicht zwingend notwendig, dass es sich um zwei Personen handelt, es muss aber gewährleistet sein, dass sie für beide Bereiche die nötige Kompetenz besitzen und der Zollbehörde unmittelbar Rede und Antwort stehen können. Da das Verfahren innerhalb enger zeitlicher Schienen läuft, kann jede Verzögerung zu einem Verstreichen einer Frist führen. Ein negatives Beispiel:

Beispiel:

Der Ansprechpartner für Verwaltungsfragen ist auch als Sachverständiger benannt, muss aber zur Begutachtung eines Produkts die Muster erst an den tatsächlichen Sachverständigen weiterleiten. Alleine die zeitliche Beeinträchtigung durch den Mehrversand geht zu Lasten des Antragstellers.

Beide Personen müssen nicht rund um die Uhr erreichbar sein. Es sollte aber sichergestellt sein, dass die Kontaktadresse im üblichen zeitlichen Rahmen besetzt ist und eine Person die gestellten Fragen beantworten oder zumindest weitere Schritte veranlassen kann. Für die Zollbehörde ist es wichtig zu wissen, dass der Antragsteller das Anliegen der Zollbehörde aufgenommen hat und sich darum kümmert. Erfolgt das nicht, kann dies unter Umständen die Überlassung der Waren an den Einführer zur Folge haben.

Die Kontaktdaten müssen immer aktuell gehalten werden. Falsche oder nicht aktualisierte Daten führen zu einer Demotivation auf beiden Seiten.

Stellen Sie zudem sicher, dass die von Ihnen benannten Personen, insbesondere, wenn es sich um die eigenen Firmenangehörigen handelt, über ihren neuen Aufgabenbereich und die an sie gerichtete Erwartungshaltung informiert sind. Am besten ist es, wenn sich die Ansprechperson zu Beginn oder im Rahmen der Antragstellung bei der ZGR persönlich informiert.

Für Unionsanträge gilt es genau zu überlegen, wie die Kommunikation mit den betroffenen Mitgliedstaaten durchgeführt werden kann. Das Antragssystem bietet Ihnen zunächst die Möglichkeit, für jeden Mitgliedstaat je einen Ansprechpartner für Verwaltungsfragen und einen Sachverständigen zu benennen. Viele Mitgliedstaaten sind zwar in der Lage, die Basiskommunikation in englischer Sprache zu führen. Grundsätzlich gilt jedoch, dass das Verfahren in der jeweiligen Landessprache abzuwickeln ist. Ein lokaler Ansprechpartner stellt insoweit die Optimallösung dar.

Die Verordnung verpflichtet den Antragsteller nicht, einen lokalen Ansprechpartner zu stellen. Zudem ist der Antragsteller vielfach aus organisatorischen wie finanziellen Gründen auch nicht in der Lage, von vornherein in jedem Mitgliedstaat nationale Kontaktpersonen zu benennen. Daher können die für Deutschland benannten Personen für alle Mitgliedstaaten oder zumindest für die, bei denen kein eigener nationaler Kontakt benannt werden kann, eingetragen werden.

Letztendlich haben Sie die Verantwortung darüber, dass die bei Ihnen eingehenden Informationen gelesen und entsprechend gehandelt werden kann. Für die Zollverwaltung spielt es grundsätzlich keine Rolle, an welche E-Mail-Adresse oder Faxnummer sie ihre Informationen sendet. Sie geht davon aus, dass der Empfänger entsprechend handelt. Erwarten Sie also kein Verständnis, wenn Sie mögliche zeitliche Verzögerungen mit dem Sprachproblem begründen wollen.

Bei einem Unionsantrag treffen Sie mit der Benennung der Ansprechpersonen auch zugleich die Auswahl der Mitgliedstaaten, in denen Ihr Unionsantrag gelten soll. Wie bereits ausgeführt, gilt hier, dass ein Haus mit geöffneten Fenstern nur dann ausreichend

Schutz gegen Wind und Kälte bietet, wenn Sie alle Fenster im Haus schließen.

Zusammenstellung der Schutzrechte

Im nächsten Schritt wählen Sie die Schutzrechte aus, die Gegenstand des Antrags sind und die die gesetzliche Basis für das Einschreiten der Zollbehörde bilden. Über eine Liste haben Sie die Möglichkeit, die von der Verordnung umfassten Schutzrechte allgemein oder thematisch auszuwählen (z. B. Marke, Design).

Da die Schutzrechte in der Regel für ein breites Warenspektrum eingetragen sind, erschwert dies der Zollbehörde die Feststellung, welche Waren im besonderen Fokus der Fälscher bzw. im Interesse des Antragstellers liegen.

Dazu können Sie allerdings Abhilfe schaffen. Mit der generellen Auswahl der Schutzrechte werden Sie auch aufgefordert, eine Auswahl der für Sie besonders bedeutenden und wichtigen Produkte zu benennen. Sie können sie sehr genau bezeichnen (z. B. Hosen, Brillen, Kappen) oder zumindest einen Überbegriff auswählen (z. B. Bekleidungsstücke, Ersatzteile für Kraftfahrzeuge). Je spezieller Sie die Produkte eingrenzen können, desto zielgenauer kann die Zollbehörde die Warenbewegungen überprüfen.

Diese Beschränkung bedeutet jedoch nicht, dass sich der Antrag nur auf diesen Warenbereich reduziert. Grundsätzlich umfasst er alle Waren, für die die von Ihnen benannten Schutzrechte eingetragen sind.

Danach haben Sie die Möglichkeit, Schutzrechte im Einzelnen aufzuführen. Um sicherzustellen, dass die Zollbehörde bei all Ihren Schutzrechten Maßnahmen ergreifen kann, ist es notwendig, auch alle Schutzrechte aufzulisten.

Bedenken Sie jedoch, dass selbst eine Datenbank keinen zielsicheren und schnellen Zugriff auf die benötigte Information gewährleisten kann. Ein gutes Abfrageergebnis hängt davon ab, wie konkret eine Fragestellung formuliert werden kann und auf welchen Datenbestand zugegriffen werden muss. Indem Sie also die Liste der Schutzrechte auf die für Sie wichtigen bzw. aktuellen Schutzrechte beschränken, können Sie den Sucherfolg in der Datenbank steigern. Das trifft insbesondere für Schutzrechte zu, die nicht namentlich gesucht werden können (z. B. Wort- oder Wort-/Bildmarken), sondern lediglich durch Bilder (z. B. Design, Urheberrechte, Bildmarken) dargestellt werden.

Beim Auflisten der Schutzrechte haben Sie zudem die Möglichkeit, Bilder in die Datenbank zu laden. Das ist vor allem bei Design/Geschmacksmuster, Urheberrechten und Wort-/Bildmarken bzw. reinen Bildmarken wichtig. Zunächst sind die in den Datenbanken der Marken- und Patentämter angemeldeten und veröffentlichten Abbildungen auszuwählen, da für die Zollbehörde an dieser Stelle die tatsächliche Schutzrechtsabbildung dargestellt werden muss.

Diese Abbildung stellt den ersten optischen Kontakt der Zollbehörde mit einem eingetragenen Schutzrecht dar. Je besser die Qualität der Abbildung ist, desto besser ist der Beamte vor Ort in der Lage, einen Bezug zu einer betroffenen Warensendung herzustellen. Insoweit ist es bereits bei einer Schutzrechtseintragung wichtig, dass entsprechend gute Abbildungen, Zeichnungen, Fotografien eingereicht werden.

Eine schlechte Darstellung kann im später noch zu beschreibenden Bereich der Hinweise für Originale oder Fälschungen durch eine hochqualitative Produktabbildung ergänzt werden. Allerdings sucht der Ermittlungsbeamte in dieser Rubrik in der Regel erst, wenn er ein passendes Schutzrecht gefunden hat.

Da mit Ausnahme der nicht eingetragenen Schutzrechte (z. B. Urheberrecht, nicht eingetragenes Gemeinschaftsgeschmacksmuster) alle Eintragungsdaten über die Datenbanken der Marken- und Patentämter abgerufen werden können, bedarf es keiner Vorlage beglaubigter Eintragungsurkunden. Die ZGR überprüft Ihre Angaben anhand dieser Internetportale.

Die meisten Anträge werden für die Marke gestellt. Das Erkennen einer widerrechtlichen Nutzung einer Marke stellt die Zollbehörde üblicherweise vor keine allzu großen Probleme.

Anders verhält es sich bei Patenten und Design- oder Geschmacksmusterrechten. Dabei muss auf zwei besondere Punkte geachtet werden:

1. Zunächst muss die Zollbehörde das Schutzrecht verstehen können. Handelt es sich um eine komplizierte Patentschrift, sollten Sie in einer persönlichen Zusammenfassung bzw. Erläuterung erklären, worum es bei dem Patent im Wesentlichen geht. Ähnliches gilt für ein Design/Geschmacksmuster. Beschreiben Sie, auf

welches Merkmal es bei dem Schutzrecht tatsächlich ankommt (z. B. Farbe, Zusammenstellung, Ausstattungsmerkmale).

2. Daneben muss die Zollbehörde die Möglichkeit haben, die widerrechtliche Nutzung des Schutzrechts im Rahmen der zollamtlichen Kontrolle erkennen zu können. Handelt es sich um ein Basispatent, ist das einfach. Das sollte jedoch auch durch ein neutrales Gutachten untermauert sein. Ist die Rechtsverletzung an der Form, den verwendeten Materialien oder der Aufmachung erkennbar oder können Sie bereits geprüfte Modelle direkt benennen, sollten Sie an dieser Stelle besonders darauf hinweisen.

Hinweise zu Originalen

Die Hinweise zu den Originalprodukten sind für den Antragsteller verpflichtend. Das sollte Ihnen auch nicht sonderlich schwerfallen, sind Sie doch mit Ihren Produkten, deren Herstellung und Ausstattung bestens vertraut. Lösen Sie sich jedoch gleich von dem Gedanken, nun für alle von Ihnen hergestellten oder vertriebenen Produkte Erkennungshinweislisten erstellen zu müssen.

Auch hier geht Qualität vor Quantität. Versuchen Sie nicht, jedes Produkt im Einzelnen zu beschreiben, sondern vielmehr, Produktgruppen zusammenzufassen und für alle markante Hinweise zu benennen. Der Umfang der erforderlichen Informationen hängt auch von dem Warenkreis ab, der überwacht werden sollte. Gerade für Neueinsteiger bietet es sich an, den Warenkreis auf die von Fälschungen besonders betroffenen Warengruppen oder aktuelle Verkaufsgegenstände zu beschränken. Das hilft der Zollbehörde, den Antrag besser zu umfassen. Für Sie bedeutet es, dass Sie zunächst an einem engeren Warenkreis Ihre ersten Erfahrungen mit der Zollbehörde und dem Tätigwerden vor Ort sammeln können.

Stellt die Abwicklung für Sie kein Problem dar, haben Sie jederzeit die Möglichkeit, über Ihren Account in *ZGR-online* die Antragsdaten um die von Ihnen noch gewünschten Schutzrechte und damit verbundenen Erkennungshinweise zu ergänzen.

Besonders wichtig ist die Aktualität. Ein Grund mehr, der Zollbehörde nicht ein ungeprüftes Sammelsurium an Hinweisen „hinzuwerfen", sondern vielmehr diese auf ihre Praktikabilität und Erkennbarkeit für einen Dritten zu prüfen. Je mehr Sie an Zusatzinformationen zur Verfügung stellen, desto größer ist Ihr Aktualisierungsaufwand.

Eine Informationsüberfrachtung und die Vorlage von tatsächlich notwendigen Informationen müssen ausgewogen sein. Eine Musterformel gibt es hier nicht. Wenn Sie unsicher sind, bietet sich ein Gespräch mit der ZGR im Vorfeld der Antragstellung an.

Bei der zollamtlichen Überprüfung stellt der Bereich des gewerblichen Rechtsschutzes nur einen von vielen zu berücksichtigenden Rechtsbereichen dar. Sie müssen daher versuchen, dass Ihre Informationen den Zollbeamten vor Ort eine gute Übersicht über das Wesentliche vermitteln und eine schnelle Entscheidung erlauben. Die Hinweise sollten übersichtlich, informativ und ansprechend gestaltet sein. Zu viele textliche Erläuterungen ermüden, zu viel produktfremdes Hintergrundwissen führt ggf. zu einem zu frühen Abbruch der Abfrage, nichtssagende oder qualitativ schlechte Abbildungen erfüllen den Informationszweck nicht.

Ein gut aufbereiteter Produkterkennungshinweis besteht aus einer Kombination aus farblichen, ggf. auf Produktdetails hinweisenden Fotografien und einer knappen Erläuterung dazu. Für die Produktdarstellung in *ZGR-online* sind die Dateiformate pdf oder jpg bestens geeignet.

Gerade im Hinblick auf einen Unionsantrag bietet es sich an, eine klare bildliche Darstellung mit wenig erklärenden Worten in Englisch/Französisch/Deutsch in einem Dokument zu erstellen. Damit erreichen Sie die meisten Mitgliedstaaten und minimieren gleichzeitig den Übersetzungsaufwand umfangreicher Texte durch einzelne Staaten spürbar. Für Sie bleibt zudem der Vorteil des geringen Übersetzungs- und Aktualisierungsaufwands.

Ein differenziertes Zusammenstellen von Erkennungshinweisen für einzelne Mitgliedstaaten ist nur dann notwendig, wenn es für einen Mitgliedstaat besondere Ausstattungsmerkmale eines Produkts gibt. Im Übrigen bedarf es, außer einer möglichen Übersetzung, keiner Besonderheiten, da die Zollverwaltungen in den einzelnen Mitgliedstaaten auf der Grundlage derselben Regelungen und gemeinsamer Kontrollmechanismen arbeiten.

Mit der genauen Beschreibung des Originals identifiziert sich die Fälschung oft von selbst. Sammeln Sie daher Informationen zu den Originalprodukten. Bringen Sie die Verantwortlichen Ihres Unternehmens aus den Bereichen Produktentwicklung, Einkauf, Marketing, Vertrieb und Recht (Mitarbeiter, die für die Eintragung und Durchsetzung Ihrer Schutzrechte zuständig sind) zusammen. Jeder

Verantwortliche steuert aus seinem Bereich Informationen bei, sodass Sie am Ende eine Sammlung aller notwendigen Daten besitzen.

Beschreiben Sie mit Ihren Mitarbeitern gemeinsam die typischen Ausstattungsmerkmale eines Originals (z. B. Verpackung, Beipackzettel, Garantiezertifikate, Gebrauchsanweisungen, Labels) oder stellen Sie Informationen über besondere Sicherungsmittel (z. B. Sicherheitsfäden oder Hologramme) zusammen. Verwenden Sie dazu auch Bildmaterial von aktuellen Beispielen, sogenannte „style guides" oder „character guides".

Die Zollbeamten vor Ort beschäftigen sich bei der Abfertigung mit Rechnungsunterlagen, Frachtpapieren, sonstigen Geschäftspapieren, Kisten und Containern. Die Kontrolle von Dokumenten und Anmeldedaten spielt deshalb eine sehr große Rolle. Versorgen Sie die Zollbehörde daher auch mit Hinweisen, die im Zusammenhang mit der Lieferung und den daran Beteiligten stehen. Versuchen Sie, vor allem folgende Fragen zu beantworten:

- Findet die Abfertigung von Originalwaren nur bei bestimmten Zollstellen statt, ggf. bei welchen?
- Werden Originalwaren nur in einem bestimmten Verfahren (z. B. Anschreibeverfahren) oder zu einem bestimmten Zollverfahren (z. B. Lagerung in einem Zolllager) abgefertigt?
- Werden Originalwaren über ein bestimmtes Vertriebssystem (z. B. nur über eine Generalvertretung oder bestimmte Speditionen) eingeführt, ausgeführt oder in den Verkehr gebracht?
- Gibt es bestimmte Verkehrswege (Luftfracht, Seefracht, Straßenverkehr, Postversand)?
- Sind Ihre Produkte besonders verpackt, haben sie eine spezielle Verpackungsform und ist diese in einer besonderen Art und Weise gekennzeichnet?
- Besitzen konzernfremde Unternehmen eine Berechtigung, mit Markenprodukten handeln zu dürfen oder wie legitimiert sich ein Lizenznehmer?

Durchdenken Sie Ihr Firmensystem und stellen Sie sich die Frage, ob alle, die mit Ihren Produkten handeln dürfen, eine schriftliche Erlaubnis haben sollten.

ZGR-online hilft Ihnen dabei, eine Struktur in die gesammelten Informationen zu bringen. So sind unter „Hinweise Originale" die entsprechenden Sparten (z. B. Lieferangaben) auszufüllen. Auf diese Weise können die Ihnen vorliegenden Informationen strukturiert zur Verfügung gestellt werden.

Liegen Ihnen nicht zu allen gestellten Fragen bzw. allen Maskeninhalten Informationen vor, ist das grundsätzlich kein Problem. Es besteht keine Verpflichtung, alle Maskenfelder zu befüllen.

Es gibt keine Faustregel, welchen Informationen der Vorzug zu geben ist. Das hängt von Ihrem Produkt, Ihrer Firmenstruktur und Ihrer persönlichen Einschätzung ab.

Bedenken Sie, dass die im ersten Antrag gegebenen Informationen nicht auf ewig in Stein gemeißelt anzusehen sind. Stellt sich heraus, dass die Informationen nicht ausreichen, kann jederzeit nachgebessert werden, ebenso können überflüssige Informationen aus dem Antrag ohne großen bürokratischen Aufwand entfernt werden.

Hinweise zu Fälschungen

Für die Angabe zu Fälschungen gelten im Wesentlichen die gleichen Grundsätze wie bei Originalprodukten. Es geht jedoch nicht darum, Angaben zu einzeln aufgetretenen Fälschungen zur Verfügung zu stellen. Da diese sich in der Regel nicht wiederholen, würden diese Angaben den Antragsinhalt unnötig aufblähen. Vielmehr ist hier auf Informationen zu Fälschungen Wert zu legen, die häufiger auftreten, damit diese auch zielführend in die Produktbewertung einfließen können.

Der Fragenkatalog gestaltet sich dabei ähnlich dem für Originale:

- Findet die Abfertigung von Fälschungen bekanntermaßen nur bei bestimmten Zollstellen statt, ggf. bei welchen?
- Werden Fälschungen nur in einem bestimmten Verfahren (z. B. Anschreibeverfahren) oder zu einem bestimmten Zollverfahren (z. B. Lagerung in einem Zolllager) abgefertigt?
- Werden Fälschungen über ein bestimmtes Vertriebssystem eingeführt, ausgeführt oder in den Verkehr gebracht?
- Gibt es bestimmte Verkehrswege (Luftfracht, Seefracht, Straßenverkehr, Postversand)?
- Sind Fälschungsprodukte besonders verpackt, haben sie eine spezielle Verpackungsform und ist diese in einer besonderen Art und Weise gekennzeichnet?

- Sind Unternehmen bekannt, die bereits mit der Lieferung von Fälschungen aufgefallen sind und die keine Berechtigung besitzen, mit Markenprodukten handeln zu dürfen?

Insbesondere bei der Beschreibung von gefälschten Produkten ist eine Abbildung von großem Wert.

Angaben zur Bewertung eines Abfertigungsrisikos

Bei der zollamtlichen Prüfung spielen zwei Fragen eine wesentliche Rolle:

1. Handelt es sich bei dem aufgegriffenen Produkt um eine Fälschung?
2. Wann bzw. wo kommen die Fälschungen an?

Für die Beantwortung der ersten Frage haben Sie bereits über die Produktbeschreibungen den nötigen Grundstein für eine Entscheidung durch die Zollbehörde gelegt. Muss sich die Zollbehörde mit dieser Frage auseinandersetzen, ist der weitaus schwierigere Teil der zollamtlichen Prüfung sowie die Frage nach dem „Wann" und „Wo" schon beantwortet.

Für das „Wann" und „Wo" bzw. „Wie" stellt die Risikoanalyse ein entscheidendes Mittel bei der Bewertung der zu kontrollierenden Sendungen dar. Die Risikoanalyse verfolgt den Zweck, gezielte Kontrollen in den Fällen durchführen zu können, in denen die Gefahr von Unregelmäßigkeiten besteht. Sie setzt risikorelevante Erfahrungswerte der Zollverwaltungen zusammen mit den von Ihnen zur Verfügung gestellten Informationen um und ermöglicht eine zielgerichtete Auswahl von verdächtigen Sendungen. Der Zoll analysiert dazu ständig die zollrelevanten Risiken im Warenverkehr und unterstützt die Dienststellen bei ihrer Abfertigungstätigkeit.

Von besonderer Bedeutung ist die Kombination von entsprechenden Risikofaktoren, etwa die Angabe des Versendungslandes, ein Abgangshafen, beteiligte Firmen oder auch die Angabe der üblicherweise für Originalwaren oder Fälschungsprodukte angemeldeten Warennummern.

Diese Informationen werden von Ihnen in den Bereichen *Hinweise für Originale* und *Hinweise für Fälschungen* abgefragt. Je genauer Sie also die Fragen zu Verkehrswegen, beteiligten Unternehmen oder Warennummern beantworten können, desto zielgenauer kann die Zollbehörde kontrollieren.

Gesonderte Zusatzanträge

Im Rahmen der späteren Abwicklung eines Aufgriffs von Fälschungen durch die Zollbehörde sind in der Kommunikation zwischen Ihnen und der Zollbehörde besondere Verfahrensschritte zu beachten. So können Ihnen zum Beispiel unter bestimmten Voraussetzungen Muster und Proben zur Verfügung gestellt werden. Damit diese Verfahrensschritte schneller und verwaltungsökonomischer abgewickelt werden können, müssen Sie dies beantragen.

Diese Zusatzanträge können bereits im Antragsverfahren über *ZGR-online* gestellt werden. Mit der generellen Beantragung genießen Sie den Vorteil, dass die Anträge nicht in jedem Einzelfall beantragt werden müssen. Dadurch sparen Sie Zeit und Aufwand und vermeiden, möglicherweise die Beantragung zu vergessen. Die Verwaltungsschritte werden automatisch angestoßen und ersparen Ihnen und der Zollverwaltung viel Zeit.

Im Einzelnen handelt es sich dabei um folgende Zusatzanträge:

Mitteilung von Daten aus dem Abfertigungsgeschehen
[] Ich beantrage gemäß Art. 17 Abs. 4 Satz 2 und Art. 18 Abs. 5 VO (EU) 608/2013, dass mir die Zollbehörden im Falle der Aussetzung der Überlassung/ Zurückhaltung von Waren, die im Verdacht stehen, eines oder mehrere meiner Rechte geistigen Eigentums zu verletzen, Namen und Anschrift des Empfängers sowie des Versenders, des Anmelders oder des Besitzers, den Ursprung und die Herkunft der Waren mitteilen.

Mit diesem Antrag erreichen Sie, dass Ihnen zeitgleich mit der Benachrichtigung über die Anhaltung von Waren Informationen über die der Zollbehörde bekannten Beteiligten sowie die Herkunft der Ware zugehen. Auf diese Weise können Sie den Sachverhalt schneller einschätzen, da Ihnen die Parteien bekannt sind.

Es empfiehlt sich grundsätzlich, diesen Antrag zu stellen.

Übersendung von Mustern und Proben
[] Ich beantrage generell, dass mir im Falle des Tätigwerdens der Zollbehörden gemäß Art. 19 Abs. 2 VO (EU) 608/2013 Muster oder Proben zu Analysezwecken zur Verfügung gestellt werden.

Grundsätzlich werden die Zollbehörden vor Ort aufgrund Ihrer Erkennungshinweise tätig. Das bedeutet, dass bei einem Zugriff der Zollbehörde der Verdacht einer Rechtsverletzung gegeben sein könnte und die Maßnahme zutreffend war. Gleichwohl kann es für den Entscheider von Bedeutung sein, die Ware selbst in Augenschein zu nehmen.

Eine generelle Beantragung eines Musterversands ist jedoch gut zu überdenken. Vor einer Übersendung einer Warenprobe hat die Zollbehörde die Möglichkeit, dem Entscheider ein Foto per Mail zukommen zu lassen. Bereits auf dieser Basis können viele Fälle entschieden werden. Das spart oftmals wertvolle Zeit.

Die inhaltliche Qualität eines Fotos haben Sie selbst in der Hand. Legen Sie für die Begutachtung auf bestimmte Bereiche eines Produkts besonderen Wert, haben Sie die Möglichkeit, die Bereiche in den besonderen Hinweisen (Zusatzinformationen) zu einem Original oder einer Fälschung bildlich festzulegen und vorzugeben.

Sind Sie von vielen Fälschungen und damit vielen Aufgriffen betroffen, bedeutet das für Sie, dass täglich mehrere Mustersendungen bei Ihnen eingehen werden, die in Empfang zu nehmen, zu verwalten, zu begutachten und wieder zurückzusenden sind. In einigen Fällen lassen sich das Aufbewahren der Muster und der zutreffende Rückversand oft nicht so genau organisieren, dass sichergestellt ist, dass das richtige Muster wieder die zuständige Zolldienststelle erreicht. Zudem ist insbesondere der Rückversand mit zusätzlichen Kosten verbunden.

Die generelle Beantragung des Musterversands ist daher gut zu überdenken.

Beachten Sie, dass der Versand von Mustern nicht für alle Schutzrechte möglich ist. Handelt es sich um Patente, Gebrauchsmuster, Halbleitertopografien, Sortenschutz oder Handelsname, steht Ihnen nur die Möglichkeit offen, die Waren vor Ort zu inspizieren.

Beschränkte Nutzung der Antragsdaten
[] Die im Antrag enthaltenen Informationen gemäß Art. 6 Abs. 3 g, h oder i VO (EU) Nr. 608/2013 unterliegen einer beschränkten Verarbeitung i. S. d. Art. 31 Abs. 5 VO (EU) Nr. 608/2013.

Mit der Verordnung (EU) Nr. 608/2013 hat die Kommission die Informationsplattform COPIS (Anti-Counterfeit and anti-Piracy Information System) zur Verfügung gestellt. Ausschließlich über dieses System können die Mitgliedstaaten seit 01.01.2014 Antragsinformationen einstellen und abrufen. Das System ist im Wesentlichen für die Mitgliedstaaten konzipiert, die bislang noch über kein elektronisches Informationstool verfügen. *ZGR-online* ist mit COPIS unmittelbar verknüpft und damit Teil des Systems.

COPIS beinhaltet für den Rechteinhaber allerdings nicht die Möglichkeit, einen Antrag auf Tätigwerden online zu stellen. Das ist bislang nur über *ZGR-online* möglich. Da die in COPIS eingestellten Anträge von allen Mitgliedstaaten eingesehen werden können, besteht die Möglichkeit, dass Sie die Nutzung Ihrer sensiblen Daten auf die Mitgliedstaaten beschränken, für die Sie einen nationalen Antrag oder einen Unionsantrag gestellt haben. 3

Mit dem Setzen des Hakens stellen Sie sicher, dass nur die betroffenen Mitgliedstaaten Ihre Daten einsehen können.

Das Kleinsendungsverfahren

In den vergangenen Jahren sind die Internetbestellungen von gefälschten Artikeln und die damit verbundenen Warenlieferungen zu einer großen Belastung für die Rechteinhaber geworden. Da es sich im Wesentlichen um kleine Sendungen handelt, die im Postverkehr oder mit Kurierdiensten befördert werden, ist der mit diesen Kleinstmengen verbundene Aufwand für Abwicklung und Kosten immens.

Aus diesem Grund hat die Verordnung (EU) Nr. 608/2013 ein besonderes Verfahren für Kleinsendungen gestaltet. Von dieser Sonderregelung sind Sendungen betroffen, die höchstens drei Einheiten umfassen oder ein Bruttogewicht von weniger als zwei Kilogramm haben, durch einen Post- oder Eilkurierdienst befördert werden und keine verderbliche Ware enthalten (Kleinsendung).

Liegen diese Voraussetzungen vor, kann die Zollbehörde mit Zustimmung des Anmelders oder Besitzers die Waren vernichten, ohne den Unternehmer beteiligen zu müssen. Für dieses Verfahren muss sich der Antragsteller im Rahmen des generellen Antragsverfahrens aktiv entscheiden. Dies kann er im Rahmen der Zusatzanträge.

Anwendung des Kleinsendungsverfahrens
[] Ich beantrage die Anwendung des Kleinsendungsverfahrens gemäß Art. 26 VO (EU) Nr. 608/2013.

Für den Fall, dass keine Zustimmung des Anmelders oder Besitzers der Waren vorliegt, sind Sie verpflichtet, ein zivilgerichtliches Verfahren zur Feststellung der Rechtsverletzung einzuleiten. Da Sie zunächst nicht beteiligt waren und damit auch keine Angaben zu Herkunft und Beteiligten erhalten haben, können Sie dies nun nachfordern. Für diesen Fall können Sie vorsorglich einen entsprechenden Antrag stellen. Das erspart Ihnen im Einzelfall viel Zeit.

Feststellung der Rechtsverletzung
[] Ich beantrage gemäß Art. 26 Abs. 8 Satz 2 VO (EU) Nr. 608/2013, dass mir die Zollbehörden Namen und Anschrift des Empfängers sowie des Versenders, des Anmelders oder des Besitzers, den Ursprung und die Herkunft der Waren, deren Überlassung ausgesetzt ist oder die zurückgehalten werden, übermitteln, sofern der Anmelder oder Besitzer der Waren der Vernichtung gem. Art. 26 Abs. 5 und 6 VO (EU) Nr. 608/2013 nicht zustimmt.

Da der Grundsatz des Kleinsendungsverfahrens ist, dass der Inhaber der Entscheidung nicht in diese Fälle eingebunden werden muss, erhalten Sie grundsätzlich keine Angaben über die Anhaltung. Um zumindest einen Überblick über die von der Zollbehörde durchgeführten Maßnahmen zu bekommen, können Sie eine monatliche Übersicht der Anzahl der Aufgriffe, Warenart und Warenmenge beantragen. Damit das automatisch erfolgt, müssen Sie nur hier anhaken:

Automatische Monatsübersicht
[] Ich beantrage gemäß Art. 26 Abs. 7 VO (EU) Nr. 608/2013, dass mir die Zentralstelle Gewerblicher Rechtsschutz nachträglich, gesammelt für den Zeitraum eines Monats die Menge und Art der vernichteten Waren mitteilt.

Ob das Kleinsendungsverfahren für Sie in Betracht kommt, hängt von Ihrer firmenpolitischen Ausrichtung ab. Für einen Anfänger, der sich eigentlich mit den Maßnahmen der Zollbehörde einen Überblick über das Tagesgeschehen verschaffen will, wird dieses

Sonderverfahren vielleicht zunächst keine zusätzlichen Informationen bringen. Anders sieht es aus, wenn Sie von vielen Fälschungen betroffen sind oder festgestellt haben, dass es sich bei den Aufgriffsfällen immer um die gleichen „Kunden" handelt. Hier drängt sich schon unter Berücksichtigung der eigenen Personalressourcen und aus Kostengründen das Kleinsendungsverfahren auf.

Die letzten Schritte

Nach der Entscheidung über die Zusatzanträge haben Sie es eigentlich schon geschafft. In einer Vorschau können Sie nun kontrollieren, wie Ihre Informationen in den Computern der Zollbeamten dargestellt werden. Sind Sie damit zufrieden, bleibt nur noch das Versenden des Antrags.

Bedenken Sie, dass das Antragsformular abschließend noch auszudrucken und im Hinblick auf eine rechtsverbindliche Antragstellung unterschrieben an die ZGR zu übersenden ist. Das ist erforderlich, da bei *ZGR-online* auf eine digitale Signatur verzichtet wird.

Vor dem elektronischen Versand überprüft das System, ob Sie verpflichtende Felder nicht befüllt haben und weist Sie im Treeview darauf hin. Haben Sie alles korrekt ausgefüllt, können Sie den Antrag versenden und die Zusammenarbeit mit der Zollbehörde beginnt.

Haftung und Kosten

Mit einer stattgebenden Entscheidung über einen Antrag auf Tätigwerden der Zollbehörden erlangen Sie nicht nur die Möglichkeit, dass der Zoll sich Ihrer Problematik annimmt. Sie haben auch Verpflichtungen zu übernehmen.

Die Maßnahmen der Zollbehörde stützen sich auf Ihre Angaben, die Sie im Rahmen der Beantragung zur Verfügung gestellt haben. Die Verantwortung für die Maßnahme bzw. für einen etwaigen eintretenden Schaden, der auf Ihr Handeln oder eine Unterlassung Ihrerseits erfolgt, geht voll zu Ihren Lasten.

Überlegen Sie deshalb im Vorfeld der Antragstellung gut, auf welche Beine Sie Ihren Antrag stellen wollen. Ein gut durchdachter und auf ausreichend Erkennungshinweise gestellter Antrag hat nicht nur mehr Aussicht auf Erfolg, er vermeidet auch das Risiko ungerechtfertigter Anhaltungen durch den Zoll.

Da das Einschreiten der Zollbehörde aber nicht nur die Interessen des Rechteinhabers im Blick hat, sondern auch die des Anmelders bzw. des Besitzers der Waren mitberücksichtigt, ist es in der langen Geschichte der Zollmaßnahmen noch zu keinen nennenswerten negativen Erfahrungswerten für die Rechteinhaber gekommen.

Neben der Haftung hat der Rechteinhaber/Antragsteller die Kosten des Verfahrens, beginnend mit der Anhaltung bis hin zur Vernichtung, zu tragen. Darunter fallen grundsätzlich die von der Zollbehörde vorgenommenen Amtshandlungen (z. B. Kontrollen, Schriftverkehr, Kommunikation, Musterversand, Gewährleistung der zollamtlichen Überwachung) sowie die Lagerung, Beförderung und Vernichtung der aufgegriffenen Produkte.

Die Bearbeitung und Bescheidung Ihres Antrags auf Tätigwerden ist nicht umsonst, aber gebührenfrei.

Anders verhält es sich mit den vor Ort durchgeführten Maßnahmen. Mit einer Änderung der Zollkostenverordnung zum 01.06.2014 wurde hier allerdings mehr Transparenz und Planbarkeit für den Rechteinhaber geschaffen. Das bislang vorherrschende System der Abrechnung tatsächlich entstandener Kosten wurde für den Großteil der Fälle auf ein pauschaliertes Abrechnungsverfahren umgestellt. So hat der Rechteinhaber die Möglichkeit, sein Kostenrisiko einschätzen zu können. Der Pauschalierungskatalog findet sich in der Anlage 2 zu § 9 ZollKostV.

Wenn Sie beispielsweise das Kleinsendungsverfahren beantragt haben, werden Ihnen für diesen Fall insgesamt nur Kosten in Höhe von 15 Euro berechnet. Damit sind Sie alle Sorgen zu Lagerung und Vernichtung los. Die Pauschalgebühren steigern sich dabei je nach Größe der Sendung und können sich bis zu 85 Euro belaufen.

Nur in den Fällen, in denen eine Pauschalgebühr außer Verhältnis zu den tatsächlichen Kosten steht, kann die Zollbehörde die im Einzelfall entstandenen Kosten berechnen. Das ist insbesondere dann der Fall, wenn es sich bei der aufgegriffenen Sendung um eine Containerlieferung oder einen Lkw-Transport handelt.

Rechte durchsetzen

4

Berechtigungsanfrage

Anders als die Abmahnung dient die Berechtigungsanfrage nur der Klärung der Frage, ob und inwieweit einem möglichen Verletzer eines Schutzrechts unter Umständen (auch) Rechte an diesem Schutzrecht zustehen. Beispielsweise könnten einem Verletzer einer eingetragenen Marke des Anfragenden Rechte aus einer sogenannten Benutzungsmarke zustehen.

Die Berechtigungsanfrage ist somit nicht auf eine Auseinandersetzung, sondern eine gegenseitige Erläuterung der Rechtspositionen gerichtet. Das Landgericht Mannheim spricht insofern treffend von einer „Einladung zum Gedankenaustausch über die Frage der Verletzung" (Urteil vom 23.02.2007 – 7 O 276/06). Die Berechtigungsanfrage ist demnach sinnvoll, wenn die Verhältnisse eines Schutzrechts unklar sind, weil der Anfragende auf diese Weise eine unberechtigte Abmahnung verhindern kann.

Das weitere Vorgehen nach einer Berechtigungsanfrage hängt von der Reaktion des Empfängers ab. Insbesondere in Fällen, in denen die Antwort auf eine Berechtigungsanfrage unzureichend ist, muss nachfolgend eine Abmahnung ausgesprochen werden. Kann der Empfänger eine die Rechtswidrigkeit der Verletzungshandlung entkräftende Rechtsposition darlegen – in der Praxis eher eine Ausnahme –, muss man nicht abmahnen. Reagiert er auf die Berechtigungsanfrage gar nicht, ist im Einzelfall zu entscheiden, ob genug Anhaltspunkte für eine Abmahnung als nächste Eskalationsstufe gegeben sind.

Zwar wird der Absender der Berechtigungsanfrage für seine schonende Vorgehensweise damit belohnt, dass dem Empfänger im Fall einer letztlich unbegründeten Annahme einer Schutzrechtsverletzung kein Schadenersatzanspruch gegen den Absender zusteht. Kostenrechtlich hat die Berechtigungsanfrage jedoch eine Schattenseite: Anders als bei einer berechtigten Abmahnung sind die Rechtsanwaltskosten des Anfragenden bei einer reinen Berechtigungsanfrage nicht vom Empfänger zu tragen.

Häufig wird man sich nach der Auswertung der Reaktion auf die Berechtigungsanfrage dazu entscheiden, den Verletzer zur Unterlassung zu zwingen.

Wichtig: Es sollte nicht ohne Weiteres sofort direkt ein Gericht angerufen werden. Das könnte nämlich zur Folge haben, dass der Rechteinhaber die gesamten Kosten des gerichtlichen Verfahrens zu tragen hat, obwohl er das Verfahren in der Sache gewinnt. Das kann nur dadurch verhindert werden, dass vor der Inanspruchnahme eines Gerichts zusätzlich eine Abmahnung ausgesprochen wird.

Abmahnung

Mit einer Abmahnung wird der Schutzrechtsverletzer vor Einleitung eines gerichtlichen Verfahrens auf sein rechtswidriges Verhalten hingewiesen und zur Unterlassung aufgefordert.

Der Stellenwert der Abmahnung hat in den letzten Jahren deutlich zugenommen. Hintergrund ist unter anderem die erhöhte Sichtbarkeit von Schutzrechtsverletzungen aufgrund der steigenden Bedeutung des Internets. Beispielsweise kann heute mit nur wenigen Mausklicks festgestellt werden, ob ein Konkurrent markenverletzende Produkte über seine Internetseite vertreibt. Auch durch die weite Verbreitung und globale Vernetzung der Verkaufs- und Versteigerungsplattformen Amazon® und eBay® ergibt sich ein breites Feld leicht aufspürbarer Schutzrechtsverletzungen.

Die insbesondere in den einschlägigen Internetblogs und -foren an der Abmahnung geäußerte Kritik betrifft nicht die vorliegende Konstellation. Dort geht es vor allem um das Missbrauchspotenzial von Verbraucherabmahnungen aufgrund unzulässiger Down- und Uploads von Musiktiteln und Videos aus dem Internet.

Im Bereich unternehmerischer Tätigkeit ist die Abmahnung, die bei Verletzung gewerblicher Schutzrechte (z. B. von Marken) auch Schutzrechtsverwarnung genannt wird, fraglos das Mittel der Wahl, Auseinandersetzungen über Schutzrechtsverletzungen außergerichtlich zu klären. So werden die Gerichte weniger belastet und die Beteiligten sparen hohe Verfahrenskosten.

Eine Abmahnung bewahrt den Rechteinhaber außerdem davor, Prozesskosten tragen zu müssen, obwohl er den Prozess gewinnt. Mahnt der Rechteinhaber nämlich den Verletzer nicht vor Einschaltung eines Gerichts ab, erklärt aber der Verletzer direkt ein sogenanntes sofortiges Anerkenntnis, hätte zwar der Rechteinhaber das Verfahren gewonnen, müsste aber die gesamten Kosten des gerichtlichen Verfahrens tragen (vgl. § 93 ZPO). Hierdurch sollen

Rechteinhaber „bestraft" werden, die unüberlegt vermeidbare Gerichtsverfahren anstrengen.

Verzichtet werden darf auf eine Abmahnung lediglich in Ausnahmefällen. Nur wenn es für den Rechteinhaber nicht zumutbar ist, zunächst einige Tage Zeit „zu investieren" und durch die Abmahnung die Möglichkeit einer außergerichtlichen Klärung der Angelegenheit auszuloten, kann auf diese verzichtet werden.

Anerkannt ist eine solche Ausnahme zunächst in Fällen ganz besonderer Dringlichkeit. Hat ein Rechteinhaber etwa zu befürchten, dass schon während des Abmahnverfahrens beispielsweise über eBay® oder Amazon® eine große Zahl gefälschter Produkte abverkauft wird, ist besondere Dringlichkeit gegeben. Aber Vorsicht: Die Gerichte sind in letzter Zeit im Hinblick auf die Schnelligkeit moderner Kommunikationsmittel (vor allem Fax und E-Mail) zunehmend dazu übergegangen, auch bei besonderer Dringlichkeit eine Abmahnung für erforderlich zu halten, dafür aber in dem Abmahnschreiben eine nur sehr kurz bemessene Frist für die ausdrückliche Verpflichtung zur Unterlassung als zulässig zu erachten.

In der Praxis von größerer Bedeutung sind Fälle, in denen der Rechteinhaber befürchten müsste, dass infolge der Abmahnung die Beweisstücke vernichtet werden. In Betracht kommen beispielsweise Situationen, in denen Produktpiraten ihre gefälschten Produkte verschwinden lassen oder sogar vernichten würden, wenn sie vor einem gerichtlichen Verfahren durch die Abmahnung gewarnt wären.

Schließlich muss der Rechteinhaber auch dann keine Abmahnung aussprechen, wenn sie für ihn offensichtlich nutzlos ist, das heißt der Verletzer sein Verhalten infolge der Abmahnung voraussichtlich nicht ändern wird. Hat sich ein Produktfälscher zum Beispiel bereits gegenüber einem anderen Rechteinhaber aufgrund einer Abmahnung zur Unterlassung eines vergleichbaren Verhaltens verpflichtet und in der Folge gegen diese Verpflichtung verstoßen, kann daraus geschlossen werden, dass er sein Verhalten auch durch eine weitere Abmahnung nicht ändern wird.

Da die Beurteilung der Frage, ob ausnahmsweise auf eine Abmahnung verzichtet werden kann, äußerst schwierig ist, sollte diese nur von spezialisierten Rechtsanwälten vorgenommen werden, um zu verhindern, dass bei ungünstigem Verlauf der Rechteinhaber auf erheblichen Kosten sitzen bleibt.

Praxis-Tipp:

Gegen planmäßig agierende und gewerbsmäßig organisierte Produktpiraten sollte entschlossen und zügig vorgegangen werden. Daher kann es bei professionellen Produktpiraten ausnahmsweise sinnvoll sein, bewusst das Risiko der Kostentragung in Kauf zu nehmen und sofort ein gerichtliches Verfahren ohne Abmahnung einzuleiten. So kann ein Überraschungseffekt genutzt und der Verletzer direkt mit einer gerichtlichen Verfügung überrumpelt werden.

Rechtlicher Hintergrund

Auf welche Art und Weise wird die Vermeidung eines gerichtlichen Verfahrens durch die Abmahnung in rechtlicher Hinsicht umgesetzt? Nach deutschem Recht genügt es nicht, dass der Verletzer einfach erklärt, den Rechtsverstoß zu beenden und auch in Zukunft nicht mehr zu begehen. Diese Zusicherung würde dem Rechteinhaber keine Sicherheit bieten, dass sich der Verletzer auch tatsächlich an sein Versprechen hält. Deshalb ist eine Bestrafung des Verletzers für den Fall der Wiederholung des Rechtsverstoßes erforderlich.

Dies wird dadurch erreicht, dass der Verletzer infolge der Abmahnung eine sogenannte Unterlassungs- und Verpflichtungserklärung abgibt, in der er verbindlich zusagt, das fragliche Verhalten sofort einzustellen und für den Fall der Zuwiderhandlung eine „schmerzhafte" Vertragsstrafe zu zahlen. Nur wenn eine solche Unterlassungs- und Verpflichtungserklärung vorliegt, wird für den Rechteinhaber mit hinreichender Sicherheit die Gefahr zukünftiger Wiederholungen beseitigt.

Inhalt der Abmahnung

Ein verbreiteter Irrglaube ist, dass es für Abmahnungen allgemeine gesetzliche Formvorgaben gibt. Das ist falsch. Eine für eine Abmahnung generell gesetzlich vorgeschriebene Form gibt es nicht. Lediglich für Urheberrechtsverletzungen sind seit dem Jahr 2013 im Urheberrechtsgesetz Pflichtangaben vorgesehen. Die Gestaltung und Struktur einer Abmahnung ergibt sich überwiegend aus praktischen Erwägungen. So ist beispielsweise die in der Praxis übliche Schriftlichkeit einer Abmahnung nicht gesetzlich vorgeschrieben, sondern eine Folge des Erfordernisses, in gerichtlichen Verfahren ggf. einen Nachweis über die vorangegangene Abmahnung zu erbringen.

Abmahnender und Abgemahnter

In der Abmahnung sind zunächst Abmahnender und Abgemahnter genau zu bezeichnen. Abmahnberechtigt ist vor allem der in seiner Rechtsposition Verletzte. Im Markenrecht sind das beispielsweise der Markeninhaber oder im Urheberrecht der Urheber bzw. deren Lizenznehmer. Darüber hinaus sind durch Gesetz bzw. Vertrag mit der Wahrnehmung der Rechte betraute Institutionen abmahnberechtigt. Unbeteiligte, die einen Verstoß gegen die Rechte eines anderen festgestellt haben, sind demgegenüber nicht abmahnberechtigt.

Adressat der Abmahnung ist grundsätzlich der jeweilige Verletzer des Schutzrechts, das heißt vor allem der Hersteller oder Vertreiber des rechtsverletzenden Produkts. In der Praxis stellt nicht selten die Ermittlung des Verantwortlichen eine Herausforderung dar. Etwa im Fall eines Vertriebs gefälschter Markenprodukte über eine Internetseite kann ein unzureichend oder sogar bewusst verschleiernd geschriebenes Impressum die Suche nach dem Verantwortlichen erschweren. Denn der über eine sogenannte „Who-is"-Anfrage (bei .de-Domains über die DENIC) zu ermittelnde Domain-Eigentümer ist nicht ohne Weiteres der Verantwortliche. Auch die Ermittlung der richtigen Gesellschaft in schwer einsehbaren Handelsregistern (z. B. in China oder Taiwan) oder die Identifizierung der zuständigen Gesellschaft innerhalb eines Unternehmensgeflechts mit Untergesellschaften erfordert besondere Kenntnisse.

Verletzungshandlung

Die Abmahnung muss eine möglichst genaue und gut verständliche Darstellung des Sachverhalts und der gerügten Verletzungshandlung enthalten. Beweismittel müssen jedoch nicht benannt werden. Aus taktischen Gründen kann es im Einzelfall dennoch sinnvoll sein, eigentlich erst später in einem gerichtlichen Verfahren vorzulegende Beweismittel bereits in der Abmahnung zu benennen. Das kann die Ernsthaftigkeit der Abmahnung unterstreichen.

Nach der Sachverhaltsdarstellung wird dargelegt, woraus sich die eigene Rechtsposition ergibt (z. B. als Inhaber einer eingetragenen Marke aus der Eintragung) und inwiefern der Rechteinhaber durch dieses Verhalten in seinen Rechten verletzt wird. Hierbei kann man seine Einschätzung rechtlich erläutern und konkrete gesetzliche Vorschriften benennen, ist dazu aber nicht verpflichtet. Dem Abgemahnten muss es lediglich möglich sein, den Vorwurf sachlich und rechtlich zu prüfen.

In den meisten Fällen beziehen sich diese Darlegungen auf eine bereits begangene oder laufende Verletzungshandlung, etwa auf den Vertrieb gefälschter Waren über das Internet. Spricht der Rechteinhaber nun eine Abmahnung gegen den Vertreiber der Produktfälschungen aus, soll hiermit der zukünftige Vertrieb der Plagiate abgestellt werden, das heißt die sogenannte Wiederholungsgefahr beseitigt werden. Dabei reicht eine einmalige Verletzungshandlung aus. Diese indiziert die Vermutung einer erneuten Begehung.

Fälle, in denen eine sogenannte Erstbegehungsgefahr besteht, sind seltener. In diesen Konstellationen ist die Verletzungshandlung noch nicht erfolgt, sie steht aber unmittelbar bevor. Allerdings genügt nicht jede Vermutung, es könnte eine Verletzungshandlung demnächst eintreten, sondern es muss ernsthafte und greifbare Anhaltspunkte für eine konkrete Schutzrechtsverletzung geben. So begründet zum Beispiel die Herstellung von Plagiaten nur dann eine Erstbegehungsgefahr für ein nachfolgendes Inverkehrbringen, wenn das betreffende Produkt erkennbar auch vertrieben werden soll. Hierbei ist eine sorgfältige Prüfung geboten.

Unterlassungs- und Verpflichtungserklärung

Schließlich wird in einer Abmahnung vom Verletzer ausdrücklich verlangt, das rechtswidrige Verhalten zukünftig zu unterlassen. Dieses Verlangen wird mit der Aufforderung zur Abgabe einer sogenannten Unterlassungs- und Verpflichtungserklärung innerhalb einer bestimmten Frist verbunden. Üblicherweise wird der Abmahnung eine unterschriftsfertige Fassung dieser Erklärung beigefügt.

Praxis-Tipp:

Für die Wirksamkeit einer Abmahnung ist es nicht erforderlich, dem Abmahnschreiben eine vorgefertigte Fassung einer Unterlassungs- und Verpflichtungserklärung beizufügen. Es hat in der Regel aber den taktischen Vorteil, dass manch Abgemahnter die beigefügte Unterlassungs- und Verpflichtungserklärung unverändert bzw. nur wenig verändert unterzeichnet. Auf diese Weise hat der Abmahnende die Möglichkeit, eine für ihn günstige Formulierung für die Erklärung des Abgemahnten vorzugeben.

1. Unterlassungstenor

Kern der Unterlassungs- und Verpflichtungserklärung ist die Zusicherung des Verletzers, die in Rede stehende Verletzungshandlung zu unterlassen und bei Zuwiderhandlung eine Vertragsstrafe zu zahlen. Bei der Formulierung der Verletzungshandlung ist es im Interesse des Rechteinhabers, die zu unterlassende Handlung möglichst weit zu fassen.

Der Rechteinhaber hat jedoch ohnehin den Vorteil, dass auch bei einer eng formulierten Unterlassungs- und Verpflichtungserklärung die an die Unterlassung gebundene Vertragsstrafe nicht nur dann fällig wird, wenn der Verletzer in der Zukunft identische Verletzungshandlungen begeht. Der Verletzer muss die Vertragsstrafe auch dann zahlen, wenn der Verstoß der in der Unterlassungs- und Verpflichtungserklärung genannten Handlung im Kern gleicht. Sollte sich etwa ein Verletzer im Zusammenhang mit Markenpiraterie zur Unterlassung der Verwendung des Zeichens Marlboro® in Verbindung mit Zigaretten verpflichten, stellt es auch einen Verstoß dar, wenn er später „Marlboroo"-Zigaretten vertreiben würde. Anderenfalls hätte er die Möglichkeit, die von ihm abgegebene Unterlassungs- und Verpflichtungserklärung problemlos zu unterlaufen.

2. Vertragsstrafe

Die Vertragsstrafe muss angemessen hoch sein, das heißt sie muss für den Abgemahnten merklich unangenehm sein, wenn er gegen die Unterlassungsverpflichtung verstößt. Bei großen Unternehmen kann im Rahmen von Patentstreitigkeiten durchaus eine fünf-, sechs- oder sogar siebenstellige Vertragsstrafe angemessen sein. Häufig wird in der Unterlassungs- und Verpflichtungserklärung pauschal eine Vertragsstrafe von 5.001 Euro oder 5.100 Euro in Ansatz gebracht. Hintergrund ist, dass eine auf Zahlung der Vertragsstrafe gerichtete Klage bei dieser Höhe vor einem Landgericht und nicht nur einem Amtsgericht erhoben werden kann. Zunehmend „en vogue" ist seit einigen Jahren auch der sogenannte Hamburger Brauch geworden. Dabei wird die Vertragsstrafe zunächst offengelassen und die Bestimmung der Höhe für jeden Fall eines Verstoßes in die Hände des Rechteinhabers sowie ggf. eines überprüfenden Gerichts gelegt.

3. Auskunft, Schadensersatz, Vernichtung, Rechtsanwaltskosten

Schließlich bietet die Übermittlung eines Entwurfs einer Unterlassungs- und Verpflichtungserklärung durch den Abmahnenden die Möglichkeit, in diese ergänzende Klauseln zu weiteren Aspekten aufzunehmen, die für die reine Unterlassung der Verletzungshandlung zunächst nicht relevant sind. So schuldet der Verletzer zwar ohnehin bereits nach dem Gesetz:

- Auskunft
- Zahlung von Schadensersatz
- Vernichtung der gefälschten Produkte
- Erstattung der durch die Abmahnung entstehenden Rechtsanwaltskosten

Eine ausdrückliche Verpflichtung in der vom Abmahnenden vorgefertigten Unterlassungs- und Verpflichtungserklärung kann aber die Durchsetzung dieser Ansprüche zu seinen Gunsten vereinfachen.

Der Auskunftsanspruch insbesondere hinsichtlich

- der Herkunft,
- des Vertriebswegs,
- der generierten Umsätze sowie
- der Quantität der Verletzungshandlungen

ist dem Schadensersatzanspruch und auch einem etwaigen Vernichtungsanspruch vorgeschaltet. Vor allem der Umfang der Verletzungshandlungen bildet die Berechnungsgrundlage für den zu zahlenden Schadensersatz. Sofern in der Unterlassungs- und Verpflichtungserklärung kein pauschaler Schadensersatzbetrag festgeschrieben wird, kann der Rechteinhaber auf dieser Grundlage anhand der für ihn günstigsten Berechnungsmethode seinen Schaden quantifizieren und beim Verletzer geltend machen. Neben den allgemeinen (z. B. auf Rückruf gefälschter Produkte gerichteten) Beseitigungsansprüchen spielt in der Praxis vor allem der Vernichtungsanspruch eine Rolle. Dieser betrifft je nach Einzelfall nicht nur die Waren an sich, sondern auch die der Produkt- und Markenpiraterie dienenden Geräte und Anlagen des Verletzers.

Fristen

Dem Verletzer wird in der Abmahnung eine Frist zur Abgabe der Unterlassungs- und Verpflichtungserklärung gesetzt. Sie ist verbunden mit der Androhung, nach deren Ablauf gerichtliche Schritte einzuleiten. Diese Frist muss angemessen sein, damit er ausreichend Zeit hat, die Abmahnung sachlich und rechtlich zu prüfen.

Wichtig: Die Frist sollte aber nicht zu lang bemessen werden, da man nach einigen Wochen die Möglichkeit verliert, eine sogenannte einstweilige Verfügung (im bei Schutzrechtsverletzungen üblichen gerichtlichen Eilverfahren) zu erwirken. Günstig ist insofern, dass sich eine unter Umständen zu kurz gesetzte Frist automatisch in eine angemessene verlängert.

Die Länge der Frist ist nicht im Gesetz geregelt, sondern muss einzelfallbezogen bestimmt werden. Die Palette reicht von einigen Wochen bis zu wenigen Stunden. Fristen von weniger als drei Tagen sind selten angemessen. Sie können etwa bei auf einer Messe begangenen Verletzungshandlungen adäquat sein, da hier ein besonderer Zeitdruck herrscht. Gängig sind Fristen zwischen fünf und 14 Tagen.

Ob einer Bitte des Abgemahnten um Fristverlängerung (ggf. aus taktischen Gründen) nachgegeben werden sollte, ist im Einzelfall zu entscheiden.

Praxis-Tipp:

Beispielsweise muss auf eine urlaubsbedingte Abwesenheit des Verletzers oder seines Rechtsanwalts in der Regel keine Rücksicht genommen werden. Diese haben für eine Erreichbarkeit oder eine Vertretung Sorge zu tragen.

Zugang

Zur Sicherstellung des Zugangs der Abmahnung beim Verletzer reicht es, wenn bewiesen werden kann, dass die Abmahnung versandt und alles dafür getan wurde, dass sie beim Verletzer tatsächlich ankommt. Die jeweils vorteilhafteste Versendungsmethode ist im Einzelfall zu bestimmen.

In Betracht kommen namentlich Zustellungen per:

- Fax (Beweis: Faxprotokoll)
- Boten (Beweis: Zustellvermerk, u. U. Zeugenaussage)
- Gerichtsvollzieher (Beweis: Zustellprotokoll, u. U. Zeugenaussage)

Die meisten deutschen Gerichte halten es nicht für notwendig, dass der Abmahnung eine auf den Rechtsanwalt des Abmahnenden lautende Originalvollmacht beigefügt wird.

Kosten der Abmahnung

Die durch eine anwaltliche Abmahnung infolge einer Schutzrechtsverletzung entstehenden Rechtsanwaltsgebühren hat der Verletzer zu tragen. Dem deutschen Recht liegt das Prinzip zugrunde, dass es im Interesse des Verletzers steht, auf seine Verletzungshandlung hingewiesen zu werden, um diese einzustellen. So kann er nicht zuletzt ein für ihn kostspieliges Gerichtsverfahren verhindern (Rechtsprinzip der Geschäftsführung ohne Auftrag). Ergänzend sind die durch die Abmahnung entstehenden Rechtsanwaltsgebühren auch aus Schadensersatzgesichtspunkten vom Verletzer zu ersetzen.

Dieses im Verhältnis zu anderen EU-Mitgliedstaaten recht einzigartige Prinzip stellt sich als großer Vorteil für den Rechteinhaber dar. Dabei sind vor allem in Patent- und Markenangelegenheiten neben den Rechtsanwaltsgebühren unter bestimmten Umständen auch etwaige Patentanwaltsgebühren vom Verletzer zu ersetzen.

Die zu erstattenden Rechtsanwalts- und auch Patentanwaltsgebühren bemessen sich nach dem Rechtsanwaltsvergütungsgesetz (RVG). Grundlage der Berechnung ist der sogenannte Gegenstandswert. Dieser hängt insbesondere von der Art des verletzten Schutzrechts sowie der Qualität und Quantität der jeweiligen Verletzungshandlung ab.

Die Kostenerstattungspflicht besteht sogar dann in vollem Umfang, wenn es sich bei dem Rechteinhaber um ein Unternehmen mit eigener Rechtsabteilung handelt. Denn auch diese Unternehmen sollen sich bei der Bekämpfung von Produkt- und Markenpiraterie durch einen spezialisierten Rechtsanwalt vertreten lassen können.

Einschränkungen der Erstattungspflicht des Abgemahnten (z. B. die höhenmäßige Beschränkung im Urheberrecht gemäß § 97a Abs. 3

UrhG) gelten schließlich nur im vorliegend wenig relevanten Bereich nicht gewerblicher Tätigkeit des Verletzers.

Nach der Abmahnung

Die weitere Verfahrensweise nach Übermittlung der Abmahnung an den Verletzer hängt von dessen Reaktion ab. Im Wesentlichen gibt es vier Varianten.

Abgabe der vorgegebenen Unterlassungs- und Verpflichtungserklärung

Sofern der Abgemahnte innerhalb der gesetzten Frist die der Abmahnung beigefügte Unterlassungs- und Verpflichtungserklärung unterzeichnet und zurücksendet, ist der Unterlassungssachverhalt geklärt. Der Abgemahnte hat sich uneingeschränkt zur Unterlassung der Rechtsverletzung verpflichtet.

Praxis-Tipp:
Es empfiehlt sich, den Abgemahnten nach Abgabe der Unterlassungs- und Verpflichtungserklärung im Auge zu behalten: Direkt und auch später periodisch sollte überprüft werden, ob dieser die abgemahnte und vergleichbare Rechtsverletzungen tatsächlich unterlässt.

Da in der vom Rechteinhaber vorformulierten Unterlassungs- und Verpflichtungserklärung neben der reinen Verpflichtung, die fragliche Handlung zu unterlassen, nicht selten auch eine Verpflichtung zur Auskunftserteilung, Zahlung von Schadensersatz, Vernichtung der gefälschten Produkte und Erstattung der Rechtsanwaltskosten enthalten ist, sind nunmehr in einem zweiten Schritt diese Ansprüche geltend zu machen. In aller Regel ist der Widerstand des Verletzers hiergegen angesichts seiner vorangegangenen Bereitschaft zur Abgabe der vorgefertigten Unterlassungs- und Verpflichtungserklärung eher gering.

Abgabe einer modifizierten Unterlassungs- und Verpflichtungserklärung

Einige Verletzer geben anstatt der vorgegebenen eine modifizierte oder eigene Unterlassungs- und Verpflichtungserklärung ab. In diesen Fällen muss genau geprüft werden, ob die Formulierung der Unterlassungsverpflichtung den Voraussetzungen entspricht (z. B. Bezeichnung der Verletzungshandlung, ausreichend hohe Vertragsstrafe).

Oftmals übernimmt der Verletzer in seiner eigenen Unterlassungs- und Verpflichtungserklärung keine über die Unterlassung hinausgehenden ausdrücklichen Verpflichtungen. Da die weiteren Ansprüche bei einer berechtigten Abmahnung allerdings sowieso kraft Gesetzes bestehen, wird auch in diesem Fall der Abgemahnte nach Eingang seiner Unterlassungs- und Verpflichtungserklärung aufgefordert, umfassend Auskunft zur fraglichen Verletzungshandlung zu erteilen, anschließend eine entsprechende Schadensersatzzahlung zu leisten, die fraglichen Produkte zu vernichten und die Rechtsanwaltskosten zu erstatten.

Keine Reaktion

Sollte der Abgemahnte innerhalb der ihm gesetzten Frist nicht reagieren, muss zur Sicherstellung der zukünftigen Unterlassung der Verletzungshandlung ein gerichtliches Verfahren eingeleitet werden. Die hierdurch entstehenden Kosten hat der berechtigt Abgemahnte ebenfalls zu tragen.

Gegenäußerung mit Gegenmaßnahmen

Vom Verletzer gegen die Abmahnung erhobene Einwände sowie ggf. eine Gegenabmahnung, dass der mit der Abmahnung erhobene Anspruch nicht besteht, sind zu prüfen. Sofern die Abmahnung durch einen spezialisierten Rechtsanwalt erfolgt ist, führen dergleichen Gegenäußerungen in der Praxis selten zu einer veränderten Rechtsansicht. In der Regel sind daher auch in diesen Fällen gerichtliche Schritte geboten.

Einstweilige Verfügung

Einstweilige Verfügungen (im Folgenden: eV) sind besondere gerichtliche Entscheidungen, die sich vor allem im Bereich des gewerblichen Rechtsschutzes als effizientes Mittel zur Verfolgung und Durchsetzung rechtlicher Interessen bewährt haben. Eine einstweilige Verfügung dient der Sicherung von rechtlichen Ansprüchen und ist daher nur eine vorläufige Entscheidung des Gerichts. Hierdurch soll sichergestellt werden, dass sich die Rechtsposition des Antragstellers bis zum Abschluss eines etwaigen deutlich länger dauernden Hauptsacheverfahrens nicht verschlechtert. Gegenüber „normalen" Gerichtsverfahren, das heißt sogenannten Verfahren in der Hauptsache, weisen eV-Verfahren einige Besonderheiten auf, die es zu beachten gilt. Für das eV-Verfahren ist dasselbe Gericht zuständig, das auch für eine Hauptsacheklage zuständig wäre (§ 937 ZPO).

Da es sich rechtlich aber nicht um eine Klage, sondern vielmehr um einen Antrag auf Erlass einer einstweiligen Verfügung handelt, heißen die Parteien im eV-Verfahren nicht Kläger und Beklagter, sondern Antragsteller und Antragsgegner.

Voraussetzungen

Eine Abmahnung ist keine Voraussetzung des Antrags auf einstweilige Verfügung, in der Praxis aber ist das die Regel. Aber: Wenn es schnell gehen muss (z. B. bei Produktplagiaten auf Messen) oder der Gegner nicht „vorgewarnt" sein soll (z. B. wenn man befürchten muss, dass er Beweismittel vernichtet), sollte man direkt und ohne Abmahnung eine einstweilige Verfügung beantragen. Einziges Risiko bei dieser Vorgehensweise ist das Prozesskostenrisiko im Fall eines sofortigen Anerkenntnisses. Das heißt, wenn der Antragsgegner auf die einstweilige Verfügung hin diese sofort anerkennt, werden die Kosten des Verfahrens dem Antragsteller auferlegt. Dies dient dem Schutz des Antragsgegners, der (mangels vorheriger Kenntnis) keinen Anlass zur Klage gegeben hatte. Rechtlich bestand in dieser Konstellation deshalb keine Notwendigkeit für das eV-Verfahren. Allerdings wird man ohnehin nur in den Fällen auf die Abmahnung verzichten, in denen die Eilbedürftigkeit oder Wichtigkeit der Angelegenheit dieses Risiko rechtfertigt.

Gerichtskosten

Während üblicherweise der Kläger einen Gerichtskostenvorschuss leisten muss, bevor dem Beklagten die Klage überhaupt zugestellt wird, entfällt diese Pflicht im eV-Verfahren. Das Gericht setzt seine Kosten erst nach der Entscheidung fest und fordert selbst den Antragsgegner zur Kostenzahlung auf, wenn der eV-Antrag erfolgreich ist. Nur wenn der Antragsgegner nicht zahlen kann (z. B. weil er zwischenzeitlich insolvent ist) oder für das Gericht nicht erreichbar ist (z. B. unbekannt verzogen), muss der Antragsteller auch nach einem erfolgreichen eV-Verfahren – wie beim Hauptsacheverfahren – die Kosten zahlen (sog. Ausfallrisiko).

Die genaue Höhe der Gerichts- und Rechtsanwaltskosten richtet sich nach dem Streitwert der Angelegenheit, der sich wiederum am wirtschaftlichen Interesse des Antragstellers orientiert. Das Gericht bildet die Kosten mit folgenden Faktoren in jedem Einzelfall:

- Wirtschaftliche Stellung des Verletzers und des Verletzten
- Wirkungspotenzial der Verletzung
- Intensität der Verletzung
- Wahrscheinlichkeit der Nachahmungsgefahr

In der Rechtsprechung haben sich mittlerweile gewisse Orientierungswerte herausgearbeitet. Einige Gerichte nehmen angesichts der Vorläufigkeit des eV-Verfahrens einen Abschlag in Höhe von bis zu einem Drittel des Streitwerts vor. Eine einheitliche Handhabung besteht hier allerdings nicht.

Verfügungsgrund (Dringlichkeit bzw. Eilbedürftigkeit)

Gesetzliche Voraussetzung für das eV-Verfahren ist, dass es sich um eine dringliche Angelegenheit handelt. Als Richtschnur für die Dringlichkeit gilt eine Monatsfrist ab Kenntnis der Rechtsverletzung, wobei diese Frist je nach Einzelfall länger oder kürzer sein kann und von den Gerichten auch unterschiedlich streng gehandhabt wird.

Während einige Gerichte bereits bei Überschreiten der Monatsfrist um nur wenige Tage keine Eilbedürftigkeit mehr annehmen (vor allem in Bayern und Baden-Württemberg), wird von manchen Gerichten ein grober Zeitrahmen von bis zu zwei Monaten als ausreichend erachtet (beispielsweise Berlin). Aus Gründen der sprachlichen Vereinfachung wird im Folgenden stets von einer Monatsfrist gesprochen.

Liegt zwischen der erstmaligen Kenntnis einer Rechtsverletzung (und sei es auch nur durch Mitarbeiter des Unternehmens und nicht der Geschäftsführung selbst) und dem Eingang des Antrags auf Erlass einer einstweiligen Verfügung bei Gericht mehr als ein Monat, besteht in der Regel keine Dringlichkeit mehr. Das gilt ungeachtet der zwischenzeitlich vorgenommenen Schritte, beispielsweise einer Abmahnung. Wird in diesem Fall dennoch ein Antrag bei Gericht gestellt, verliert der Antragsteller das Verfahren allein aufgrund fehlender Dringlichkeit. Insofern ist es wichtig, dass Sie Ihren Rechtsanwalt vollständig über Ihre Kenntnis von der Rechtsverletzung sowie die etwaige Kenntnis eines Mitarbeiters oder sonstiger relevanter Dritter unterrichten.

In der Praxis wird die Erstkenntnis gegenüber dem Gericht häufig durch die Abgabe einer eidesstattlichen Versicherung glaubhaft gemacht. D. h. beispielsweise der Geschäftsführer versichert eidesstattlich, dass er – aber auch alle ihm im Unternehmen zuzurechnenden Mitarbeiter etc. – erstmals zu einem bestimmten Zeitpunkt Kenntnis von der Rechtsverletzung hat. Sollte sich im Nachhinein diese Aussage als unwahr herausstellen, stellt dies eine Straftat dar.

Auch zivilrechtlich ist eine derartige falsche Angabe höchst nachteilig: So kommt es leider durchaus vor, dass der Gegner, der sich mit einem Widerspruch wehrt, nachweisen kann, dass der Antragsteller schon länger Bescheid wusste. Das Gericht weist dann den Antrag auf Erlass einer einstweiligen Verfügung ab und der Antragsteller muss die gesamten Verfahrenskosten zahlen (Gerichtskosten, eigene Anwaltskosten und die Anwaltskosten des Gegners).

Verfügungsanspruch

Im eV-Verfahren können Sie nur „eilbedürftige" Ansprüche geltend machen. Das sind vor allem Beseitigungs- und Unterlassungsansprüche, mit denen man Rechtsverletzungen (z. B. das Anbieten von Plagiaten) vorläufig, das heißt bis zum Abschluss eines ggf. nachfolgenden Hauptsacheverfahrens, unterbinden will.

Die Geltendmachung von Auskunftsansprüchen im eV-Verfahren begegnet dagegen oftmals rechtlichen Bedenken: Gerade in solchen eV-Verfahren, in denen der Antragsgegner überhaupt nicht angehört wird, wird das Gericht genau prüfen, ob dem Antrag im eV-Verfahren stattgegeben oder der Antragsteller auf das Hauptsacheverfahren verwiesen wird. In der Auskunftserteilung liegt nämlich in der Regel eine irreversible Vorwegnahme der Hauptsache, die rechtlich eigentlich unzulässig ist. Wird der Antragsgegner zunächst verpflichtet, Auskunft zu erteilen und stellt sich später heraus, dass der eV-Antrag unbegründet war (z. B. weil keine Rechtsverletzung vorlag), kann diese Auskunftserteilung nicht mehr rückgängig gemacht werden. Umgekehrt ist es in manchen Fällen dem Antragsteller aber nicht zuzumuten, mit der Auskunft zu warten, bis ein (üblicherweise mehrmonatiges) Hauptsacheverfahren abgeschlossen ist. Hier wird es also immer auf den Einzelfall ankommen, ob Auskunftsansprüche geltend gemacht werden sollten oder nicht.

Wichtig: Schadensersatz-, Erstattungs- und sonstige auf Geldzahlung gerichtete Ansprüche können nicht im Wege einer einstweiligen Verfügung durchgesetzt werden.

Auch bei drohender Insolvenz oder sonstiger befürchteter Zahlungsunfähigkeit besteht hinsichtlich Geldforderungen rechtlich nie die von Gesetzes wegen erforderliche Eilbedürftigkeit. Derartige Ansprüche müssen daher immer gesondert in einem Hauptsacheverfahren geltend gemacht werden.

Geeignete Schutzrechte

Alle Ansprüche im Zusammenhang mit gewerblichen Schutzrechten, das heißt Marken, Patente, Designs (Geschmacksmuster) und Gebrauchsmuster sowie Urheberrechte oder Verletzungen wettbewerbsrechtlicher Normen können im Wege des eV-Verfahrens geltend gemacht werden. Allerdings gilt es zu beachten, dass es sich um ein vereinfachtes vorläufiges Verfahren handelt, bei dem nur eine sogenannte summarische Prüfung vom Gericht vorgenommen wird. Rechtsverletzungen, die nicht offensichtlich sind und sich dem Gericht nicht direkt erschließen, sondern erst nach umfassender Prüfung und ggf. gutachterlicher Einschätzung festgestellt werden können, sind damit für das eV-Verfahren ungeeignet. Dementsprechend sind eV-Verfahren im Bereich der Patente und Gebrauchsmuster angesichts der Komplexität der Materie eher die Ausnahme als die Regel.

Zulässige Beweismittel

Im Bereich der Beweismittel bestehen erhebliche Erleichterungen: So müssen entscheidungsrelevante Tatsachen nicht bewiesen, sondern nur glaubhaft gemacht werden. Zudem steht dem Antragsteller neben den im Hauptsacheverfahren zulässigen Beweismitteln auch die eidesstattliche Versicherung zur Verfügung. Mithilfe einer solchen eidesstattlichen Versicherung können Tatsachenangaben gemacht und deren Richtigkeit besonders versichert werden. Die Abgabe einer unwahren eidesstattlichen Versicherung oder deren Verwendung gegenüber einem Gericht stellt eine Straftat dar. Dadurch kommt dieser Erklärung als Mittel der Glaubhaftmachung eine hohe Beweiskraft zu. Auf diese Weise ist es beispielsweise möglich, Zeugenaussagen schriftlich zu fassen und zusammen mit dem Antrag bei Gericht einzureichen. Eine persönliche Anhörung der Zeugen wird dadurch entbehrlich.

Ablauf des eV-Verfahrens

Liegen die Voraussetzungen vor, kann ein Antrag auf Erlass einer einstweiligen Verfügung an das zuständige Gericht gestellt werden.

Eingeleitet werden insbesondere die Beseitigungs- und Unterlassungsanträge mit der Androhung von Ordnungsmitteln, die bei Verstößen gegen die gerichtliche Entscheidung verhängt werden können. Üblicherweise beginnen die Anträge daher wie folgt:

Muster: Einstieg

Dem Antragsgegner wird es bei Meidung eines für jeden Fall der Zuwiderhandlung fälligen Ordnungsgelds von bis zu 250.000 Euro, ersatzweise Ordnungshaft, oder Ordnungshaft bis zu sechs Monaten untersagt, [...]

Wie bei einer Hauptsacheklage müssen die darauf folgenden Anträge rechtlich ausreichend bestimmt sein. Das ist jedoch gerade bei Unterlassungsanträgen, das heißt bei denen der Antragsgegner eine Handlung zukünftig unterlassen soll, außerordentlich schwierig. Die Verletzungshandlung, gegen die sich der Antragsteller wenden und deren zukünftige Unterlassung er erreichen will, muss hinreichend genau beschrieben werden. Hierdurch werden der Streitgegenstand des gerichtlichen Verfahrens und die Reichweite der erstrebten gerichtlichen Entscheidung bestimmt. So wird verhindert, dass Unklarheiten im anschließenden Vollstreckungsverfahren – dem Verfahren zur Vollziehung des Anspruchs – entstehen. Eine zu weite Fassung der Unterlassungsanträge führt daher in der Regel zur kostenpflichtigen Abweisung des Antrags. Demgegenüber steht jedoch die sehr praxisrelevante Gefahr, dass der Antragsgegner bei zu enger Antragsfassung die gerichtliche Entscheidung dadurch unterläuft, dass er auf ähnliche, aber nicht mehr von der Entscheidung erfasste Verletzungshandlungen ausweicht.

Die Fassung der konkreten Anträge entscheidet daher nicht nur über den Verlauf des eV-Verfahrens bis zur gerichtlichen Entscheidung, sondern bestimmt auch, wie wirkungsvoll Sie hinterher gegen aktuelle und zukünftige Rechtsverletzungen durch den Antragsgegner vorgehen können.

Besondere Dringlichkeit

Zusätzlich zur gesetzlich erforderlichen Eilbedürftigkeit (dem sog. Verfügungsgrund) kann eine besondere Dringlichkeit vorliegen. Ist das der Fall, kann das Gericht gemäß § 944 ZPO ohne mündliche Verhandlung und ohne vorherige Anhörung des Antragsgegners entscheiden. Daher wird man üblicherweise – wenn möglich – darauf drängen, dass das Gericht allein auf Basis der mit dem Antrag eingereichten Unterlagen eine Entscheidung trifft.

Ein in der Praxis häufig anzutreffendes Beispiel für diese besondere Dringlichkeit sind Produktplagiate, die im Rahmen einer Messe vom Verletzer ausgestellt werden. Angesichts der Dauer dieser Verkaufsschauen von meist nur Tagen oder wenigen Wochen, wäre es für den Antragsteller unzumutbar, abzuwarten, bis das Gericht einen Termin zur mündlichen Verhandlung bestimmt, der womöglich erst nach Ende der Messe liegt.

Allerdings zeigt sich an diesem Beispiel zugleich, warum es unerlässlich ist, vor der Antragstellung die rechtliche Situation genau zu prüfen und mit dem Antrag das Gericht auch vollständig zu informieren, denn: Folgt das Gericht dem Antrag, untersagt es dem Antragsgegner mit sofortiger Wirkung während der laufenden Messe die Bewerbung bzw. den Vertrieb des entsprechenden Produkts. Stellt sich jedoch später heraus, dass diese Untersagung zu Unrecht ergangen war, sieht sich der Antragsteller schnell mit einer Schadensersatzforderung konfrontiert. Dieser Schadensersatzanspruch des Antragsgegners besteht unabhängig vom Verschulden des Antragstellers. Die kritische und möglichst objektive Beurteilung der rechtlichen Situation ist deshalb spätestens vor einer gerichtlichen Maßnahme wie dem Antrag auf Erlass einer einstweiligen Verfügung geboten.

Mündliche Verhandlung

Ist die Sache aus Sicht des Gerichts zwar eilbedürftig, aber nicht „besonders dringlich", bestimmt es einen Termin zur mündlichen Verhandlung. Zwar gelten auch hier die besonderen Regelungen des eV-Verfahrens, die eine stark verkürzte Ladung der Parteien bzw. deren Anwälte ermöglicht. Doch führt eine mündliche Verhandlung zwangsläufig zu einer Verzögerung der Entscheidung und vor allem zu einer Information des Antragsgegners vor Abschluss des Verfahrens. Der Verlust dieses in der übrigen Zivilprozessordnung äußerst ungewöhnlichen Überraschungsmoments kann jedoch gerade im Bereich der Produktpiraterie von großem Nachteil für den Antragsteller sein.

Praxis-Tipp:

Es empfiehlt sich, das Gericht schon im Antrag auf Erlass einer einstweiligen Verfügung zu bitten, sich vor der Bestimmung eines Verhandlungstermins telefonisch mit dem Anwalt des Antragstellers in Verbindung zu setzen. Auf diesem Weg kann das Gericht auf Bedenken hinsichtlich des Erlasses einer einstweiligen Verfügung ohne mündliche Verhandlung hinweisen. Man kann dann zum Beispiel noch Unterlagen nachreichen und erreicht dadurch meist, dass das Gericht ohne mündliche Verhandlung entscheidet – ein wichtiger Zeitvorsprung und großer taktischer Vorteil.

Entscheidung

Entscheidet das Gericht ohne mündliche Verhandlung, ergeht ein Beschluss, der üblicherweise per Post an die antragstellende Kanzlei übersendet, in Eilfällen aber auch vom Anwalt oder einem Boten direkt bei Gericht abgeholt wird. Ging der Entscheidung eine mündliche Verhandlung voraus, wird ein Urteil gefällt, das ebenfalls dem Antragsteller zugestellt wird.

Anders als im Hauptsacheverfahren erfolgt die Zustellung der gerichtlichen Entscheidung an den Antragsgegner nicht von Amts wegen.

Verfahrensdauer

In Abhängigkeit von der dargelegten Dringlichkeit der Angelegenheit beträgt die Dauer des gesamten eV-Verfahrens vom Antragseingang bei Gericht bis zum Erlass der Entscheidung in der Regel zwischen einem Tag und rund einer Woche ohne mündliche Verhandlung bzw. bis zu rund drei Wochen mit mündlicher Verhandlung. In besonders eilbedürftigen Angelegenheiten, wenn beispielsweise auf einer nur wenige Tage dauernden Messe Plagiate entdeckt werden, kann das Verfahren sogar innerhalb weniger Stunden am selben Tag abgeschlossen werden.

Wichtig ist, dass dem Gericht sämtliche Informationen nicht nur zur eigentlichen Rechtsverletzung, sondern auch zur Dringlichkeit vorliegen, damit es diese bei der Entscheidung berücksichtigen kann.

Nach der gerichtlichen Entscheidung

Nachdem die gerichtliche Entscheidung erlassen wurde, wird diese dem Antragsteller bzw. dessen Anwalt zugestellt. Nun gilt es, weitere Besonderheiten des eV-Verfahrens zu beachten.

Die gerichtliche Entscheidung muss dem Antragsgegner vom Antragsteller binnen eines Monats zugestellt werden. Wichtig ist hierbei, dass die Frist ab Erlass der Entscheidung und nicht erst mit dem Eingang beim Antragsteller zu laufen beginnt. Soll die Entscheidung dem Antragsgegner direkt zugestellt werden, muss diese Zustellung mittels eines Gerichtsvollziehers erfolgen. Dabei wird – meist durch einen Anwalt – beim Vollstreckungsgericht am Sitz des Antragsgegners der zuständige Gerichtsvollzieher mit der persönlichen Zustellung beauftragt. Der genaue Zeitpunkt der Zustellung wird dem Antragsteller schriftlich bestätigt und dient als Nachweis der Fristwahrung.

Ist der Antragsgegner anwaltlich vertreten (z. B. aufgrund einer vorangegangenen Abmahnung) und erstreckt sich diese Vertretung zweifelsfrei auch auf ein mögliches gerichtliches Verfahren, kann die Entscheidung auch gegen Empfangsbescheinigung per Post oder sogar per Fax zwischen den Anwälten zugestellt werden. Allerdings hat der Bundesgerichtshof eine Mitwirkungspflicht des gegnerischen Anwalts durch Unterzeichnung einer Empfangsbescheinigung ausdrücklich abgelehnt (BGH, Urteil vom 26.10.2015 – AnwSt (R) 4/15). Droht die Monatsfrist zur Vollstreckung also abzulaufen, muss zur Sicherheit immer die Zustellung an den Antragsgegner und nicht an dessen Rechtsanwalt gewählt werden. Gleiches gilt bei Zweifeln an dessen Zustellungsbevollmächtigung im gerichtlichen Verfahren. Es kann auch sinnvoll sein, die Zustellung durch den Gerichtsvollzieher direkt mit der Vollstreckung zu verbinden und dem Antragsgegner so keine Zeit zur Reaktion zu lassen.

Wird die Zustellungsfrist hingegen versäumt, darf aus der gerichtlichen Entscheidung nicht mehr vollstreckt werden. Vielmehr wird die Entscheidung auf entsprechenden Antrag des Antragsgegners hin aufgehoben. Dies hat zur Folge, dass der Antragsteller die Kosten des Verfahrens tragen muss.

Abschlusserklärung

Wurde die gerichtliche Entscheidung dem Antragsgegner fristwahrend zugestellt, hat dieser Gelegenheit, die Angelegenheit zu prüfen und die Entscheidung zu treffen, ob er die Entscheidung anerkennen möchte.

Die Anerkennung einer im Wege der einstweiligen Verfügung ergangenen gerichtlichen Entscheidung erfolgt durch die Abgabe einer sogenannten Abschlusserklärung. Hiermit erklärt der Antragsgegner, die vorläufige Entscheidung des Gerichts im Wege des eV-Verfahrens als endgültige und verbindliche Regelung anzuerkennen. Zudem wird meist zugleich erklärt, Schadensersatz für die Rechtsverletzung zu leisten, ggf. die angefallenen außergerichtlichen Kosten zu übernehmen sowie Auskunft zu erteilen, sofern dies nicht bereits Gegenstand der gerichtlichen Entscheidung war.

Die Abschlusserklärung bietet dem Antragsgegner somit die Möglichkeit, den Rechtsstreit endgültig beizulegen, ohne dass es zu einem zweiten gerichtlichen Verfahren, dem Hauptsacheverfahren, kommt.

Üblicherweise gesteht man dem Antragsgegner eine Bedenk- und Prüfzeit von mindestens zwei Wochen, meist sogar einem Monat zu. Sollte er sich innerhalb dieser Frist nicht unaufgefordert zur Frage der Anerkennung erklären, kann der Antragsgegner kostenpflichtig aufgefordert werden, eine Abschlusserklärung abzugeben.

Daneben steht es dem Antragsteller aber rechtlich frei, den Eingang einer Abschlusserklärung überhaupt nicht abzuwarten und gleich parallel ein Hauptsacheverfahren anzustrengen. In der Praxis stellt dieses Vorgehen aber die Ausnahme dar.

Gibt der Antragsgegner hingegen (ggf. auch nach Aufforderung) keine Abschlusserklärung ab, muss eine endgültige Regelung zwingend im Hauptsacheverfahren herbeigeführt werden. Das heißt, der Antragsteller muss eine Klage einreichen, die erneut die Anträge enthält, die bereits Gegenstand der Antragsschrift waren. Zusätzlich besteht dann die Möglichkeit, weitere Ansprüche auf Auskunftserteilung und vor allem auf Geldzahlung (Schadensersatz, Kostenerstattung) geltend zu machen.

Ordnungsmittel bei Zuwiderhandlung

Unabhängig von der Frage der Anerkennung der vorläufigen Entscheidung kann diese während der Dauer ihrer Wirksamkeit vollstreckt werden. Wurde dem Antragsgegner die Unterlassung oder Duldung einer Handlung auferlegt und verstößt er nun gegen diese Verfügung, kann ein Ordnungsmittelantrag bei Gericht gestellt werden. Das Gericht wird dem Antragsgegner dann zunächst eine Strafandrohung aussprechen (bis zu 250.000 Euro oder sechs Monate Haft), die bei Andauern des Verstoßes auch vollstreckt wird. Etwaige vorangegangene Verstöße werden bei der Bemessung einer späteren Strafe bzw. Strafandrohung verschärfend berücksichtigt. Das Ordnungsmittelverfahren stellt aber gegenüber dem eV-Verfahren ein gesondertes gerichtliches Verfahren dar.

Rechtsbehelf und Rechtsmittel

Dem Antragsgegner stehen abhängig vom Verlauf des Verfahrens Rechtsmittel gegen die gerichtlichen Entscheidungen zu, die zu einer nochmaligen Prüfung des Streitgegenstands mit anschließender neuer gerichtlicher Entscheidung führen. Das erfolgt entweder durch das erstinstanzliche Gericht selbst oder das Berufungsgericht.

Hat das Gericht ohne mündliche Verhandlung entschieden, kann der Antragsgegner Widerspruch gegen den Beschluss einlegen. Das Gericht bestimmt dann eine mündliche Verhandlung. Der Widerspruch hemmt jedoch grundsätzlich weder die Vollziehung des Beschlusses noch die Kostenfestsetzung. Erweist sich der Widerspruch als (teilweise) begründet, wird das Gericht durch Urteil die (teilweise) Aufhebung bzw. Änderung des Beschlusses aussprechen. Anderenfalls wird es den Beschluss bestätigen und den Widerspruch zurückweisen.

Wurde im Rahmen des eV-Verfahrens eine mündliche Verhandlung durchgeführt und durch Urteil entschieden, ist das Rechtsmittel der Berufung gegeben. Das führt dazu, dass die gerichtliche Entscheidung nun durch das Berufungsgericht überprüft wird.

Da es sich bei diesem Verfahren aber unverändert um ein eV-Verfahren handelt, das heißt ein solches mit nur vorläufiger gerichtlicher Entscheidung, wird zumeist unabhängig von der Berufung bereits Klage in der Hauptsache beim erstinstanzlichen Gericht eingereicht.

Fazit

Das eV-Verfahren ist das wohl wirksamste gerichtliche Mittel, Rechtsverletzungen schnell und effektiv zu bekämpfen und die eigene Rechtsposition zu sichern. Aufgrund der zahlreichen Besonderheiten des Verfahrens birgt es jedoch auch einige Risiken, die es zu beachten gilt.

Im Regelfall muss das Gericht innerhalb eines Schriftsatzes ohne Gelegenheit der Nachbesserung davon überzeugt werden, dass sowohl der Verfügungsanspruch als auch ein Verfügungsgrund besteht, das heißt die Dringlichkeit der Angelegenheit gegeben ist. Gelingt dies nicht, wird das Gericht den Antrag mit der Folge abweisen, dass der Antragsteller die oftmals nicht unerheblichen Verfahrenskosten zu tragen hat. Daher empfiehlt es sich, spätestens im Rahmen der Antragstellung einen auf die konkret betroffene Materie spezialisierten Rechtsanwalt hinzuzuziehen, auch wenn dies rechtlich nicht zwingend erforderlich ist.

Doch auch ein zunächst erfolgreiches eV-Verfahren birgt ein ernst zu nehmendes wirtschaftliches Risiko für den Antragsteller: Wird eine im eV-Verfahren ergangene Entscheidung später als ungerechtfertigt aufgehoben, sieht sich der Antragsteller mit erheblichen Forderungen des Antragsgegners konfrontiert. So müssen in diesem Fall nicht nur die gesamten Verfahrenskosten getragen, sondern auch ein etwaiger, durch die bereits erfolgte Vollziehung entstandener Schaden ersetzt werden. Gerade diese Schadensersatzpflicht kann zu einem enormen wirtschaftlichen Schaden führen. Deshalb gilt es, im Vorfeld eines Antrags die rechtliche Situation objektiv und kritisch zu prüfen.

Demgegenüber stehen die wertvollen Vorteile des eV-Verfahrens, vor allem dessen kurze Dauer. Gerade im Bereich der Produktpiraterie würde es oftmals zu einem irreversiblen Schaden führen, wäre der Rechteinhaber gezwungen, bis zum Abschluss eines meist mehrmonatigen Hauptsacheverfahrens zu warten, während dessen Dauer die Plagiate weiter beworben und vertrieben würden. Auch die anschließende Kompensation durch Schadensersatz kann den Schaden, der am Markt durch die minderwertigen Plagiate entsteht, nicht ungeschehen machen. Insofern ist der Rückgriff auf ein Mittel zur sofortigen, wenn auch nur vorläufigen Beendigung der Rechtsverletzung meist das Mittel der Wahl.

Hinzu kommt, dass sich durch ein eV-Verfahren Beweismittel sichern lassen, die den tatsächlichen Schaden, aber auch die Verantwortlichen zu bestimmen helfen.

Dass sich Geldforderungen, insbesondere Schadensersatzansprüche, nicht im eV-Verfahren durchsetzen lassen, sondern gerichtlich im Hauptsacheverfahren geltend gemacht werden müssen, ist zwar aus Sicht des Antragstellers nachteilig. Doch in der Praxis ist ein solches Verfahren nach erfolgreichem eV-Verfahren oftmals entbehrlich: Nach einer ersten gerichtlichen Niederlage lässt es der Antragsgegner häufig nicht auf ein zweites gerichtliches Verfahren ankommen, sodass diese Ansprüche oft außergerichtlich geklärt werden können.

Hauptsacheklage

Wird weder außergerichtlich noch im Nachgang einer einstweiligen Verfügung eine abschließende Beendigung des Rechtsstreits erreicht, muss eine normale Klage, die sogenannte Hauptsacheklage, erhoben werden. Auch in den Fällen, in denen kein eV-Verfahren möglich ist (z. B. aufgrund fehlender Dringlichkeit oder wenn die rechtliche Materie zu komplex für eine nur summarische Prüfung im Rahmen des eV-Verfahrens ist), müssen die Ansprüche im gerichtlichen Hauptsacheverfahren durchgesetzt werden.

Voraussetzungen

Für eine Hauptsacheklage im Bereich gewerblicher Schutzrechte gilt die Zivilprozessordnung mit ein paar Besonderheiten:

Vorgerichtliche Abmahnung und eV-Verfahren

Eine vorherige außergerichtliche Abmahnung ist bei einer Hauptsacheklage nicht erforderlich. Vielmehr kann sofort Klage erhoben werden, wobei auch hier wieder das Prozesskostenrisiko im Fall eines sofortigen Anerkenntnisses (§ 93 ZPO) besteht.

Ebenso muss der Hauptsacheklage kein eV-Verfahren vorausgehen; dies ist nur eine zusätzliche Möglichkeit für den Rechteinhaber, gegen einen Rechtsverletzer vorzugehen.

Zuständiges Gericht

Grundsätzlich ist das Gericht am Sitz des Beklagten zuständig. Im Bereich des gewerblichen Rechtsschutzes (Marken-, Patent-, Geschmacksmuster- bzw. Design- und Gebrauchsmusterrecht) sowie des Urheberrechts wurden aber gerichtliche Sonderzuständigkeiten eingerichtet. Im Wettbewerbsrecht haben von dieser Möglichkeit bislang nur Sachsen und Mecklenburg-Vorpommern Gebrauch gemacht. Durch diese Konzentration auf spezielle Gerichte soll sichergestellt werden, dass Klagen aus diesen Rechtsgebieten vor Gerichten verhandelt werden, die die erforderlichen Spezialkenntnisse und Praxis mit dieser Materie aufweisen.

Diese Sonderzuständigkeiten führen zwar einerseits dazu, dass der Rechteinhaber eine eingeschränktere Wahlmöglichkeit bezüglich des zuständigen Gerichts hat und ggf. weitere Entfernungen für die mündliche Verhandlung auf sich nehmen muss. Andererseits liegt es gerade im Interesse des Rechteinhabers, als Kläger den Prozess vor einem Gericht zu führen, das aufgrund der besonderen Sachkunde effizient und (rechts-)fehlerfrei entscheidet.

Praxis-Tipp:

In jedem Bundesland sind daher ein oder mehrere Gerichte erstinstanzlich für derartige Klagen zuständig. Eine Übersicht über diese Gerichte findet sich auf der Internetseite der Deutschen Vereinigung für Gewerblichen Rechtsschutz und Urheberrecht e. V. (GRUR): http://www.grur.org/de/grur-atlas/gerichte/gerichtszustaendigkeiten.html

Neben dem (Wohn-)Sitzgericht gibt es die Möglichkeit, die Klage am Ort der Verletzungshandlung zu erheben, wobei auch hier die Sonderzuständigkeiten der Gerichte beachtet werden müssen. In bestimmten Konstellationen kann das aber dazu führen, dass sich der Kläger ein Gericht in der gesamten Bundesrepublik Deutschland aussuchen kann (sog. fliegender Gerichtsstand). Dies lässt sich bei entsprechender Kenntnis der Rechtsprechung der verschiedenen Gerichte natürlich taktisch zum Vorteil des Klägers nutzen.

Gerichtskosten

Mit Einreichung der Klage müssen Kläger einen Vorschuss in Höhe der wahrscheinlich zu erwartenden Gerichtskosten einzahlen, damit das Gericht die Klageschrift dem Beklagten zustellt. Die Höhe der Gerichtskosten – wie auch der gesetzlichen Rechtsanwaltsgebühren im Gerichtsverfahren – hängt von der Höhe des Streitwerts ab und ist gesetzlich festgelegt.

Der Gesamtstreitwert einer Angelegenheit setzt sich zusammen aus den Einzelstreitwerten der mit einer Klage geltend gemachten Ansprüche, beispielsweise Unterlassungs-, Auskunfts- und Schadensersatzansprüche. Hinsichtlich des Schadensersatzanspruchs ergibt sich der Streitwert aus der Höhe des eingeklagten Schadensersatzes.

Der Unterlassungsstreitwert bemisst sich am wirtschaftlichen „Interesse" des verletzten Klägers an der geforderten Unterlassung. Zwar kann man aus der Rechtsprechung gewisse Vergleichswerte heranziehen, doch stellt die konkrete Bezifferung jeweils eine Einzelfallentscheidung dar. Es kommt beispielsweise an auf:

- das verletzte Recht (Marke, Patent, Design etc.)
- die wirtschaftliche Stellung des Schutzrechtsinhabers und des Verletzers
- die Intensität und den Umfang der Verletzungshandlung

Auch für Auskunftsansprüche existieren solche Vergleichswerte, auf die man zurückgreifen kann.

Der Kläger hat eine Schätzung für den Streitwert, der in der Klageschrift angegeben wird, abzugeben. Die endgültige Entscheidung über den Streitwert trifft am Ende des Verfahrens das Gericht. Daher kann der zunächst vom Kläger angegebene Streitwert sowohl nach oben als auch nach unten korrigiert werden, was in der Praxis durchaus vorkommt. Gegen die Streitwertfestsetzung des Gerichts können anschließend beide Parteien Rechtsmittel einlegen, sofern erforderlich bzw. gewünscht.

Beispiele:

Die Gerichtskosten betragen bei einem Streitwert von:

- 25.000 Euro rund 1.100 Euro
- 50.000 Euro rund 1.600 Euro
- 100.000 Euro rund 3.000 Euro

Mit Abschluss des Verfahrens trifft das Gericht eine Entscheidung bezüglich der Kostentragung, woraus sich ergibt, wer die im Rechtsstreit angefallenen (Gerichts- und Rechtsanwalts-)Kosten tragen muss. Grundsätzlich trägt derjenige alle Kosten, der im Verfahren unterliegt; bei teilweisem Unterliegen und Obsiegen werden die Kosten entsprechend gequotelt.

Geeignete Schutzrechte

Anders als noch im eV-Verfahren können im Rahmen der Hauptsacheklage Ansprüche im Zusammenhang mit jeglichen gewerblichen Schutzrechten, das heißt Marken, Patente, Designs, Geschmacksmuster und Gebrauchsmuster sowie Urheberrechte oder Verletzungen wettbewerbsrechtlicher Normen geltend gemacht werden.

Geeignete Ansprüche

Neben der endgültigen Durchsetzung der Ansprüche, die vorläufig bereits im eV-Verfahren geltend gemacht werden können (Unterlassung und Beseitigung sowie ggf. Auskunft), ist im Hauptsacheverfahren auch der Schadensersatzanspruch möglich.

Schadensersatz

Der Schadensersatz kann im Bereich der Produktpiraterie nach Wahl des Rechteinhabers auf verschiedene Arten berechnet werden:

- In der Praxis sehr schwer zu beziffern ist der entgangene Gewinn des Rechteinhabers. Hierbei darf das Gericht nur solche Schadenspositionen berücksichtigen, die der Vertrieb des Plagiats direkt verursacht hat. Diese Kausalität ist meistens nur sehr schwer zu beweisen.
- Ebenfalls schwer zu beziffern ist der Gewinn des Verletzers. Zwar ist der Umsatz des Produktpiraten relativ einfach zu bestimmen, doch bei der Berechnung des Gewinns entsteht regelmäßig Streit darüber, welche Ausgaben zur Ermittlung des Gewinns vom Umsatz abzuziehen sind. Außerdem muss der Produktpirat nicht seinen gesamten Gewinn herausgeben, sondern nur den Teil, der auf der Verletzung des Schutzrechts beruht. Hat der Verletzer beispielsweise ein Produktplagiat unter Verletzung eines Markenrechts vertrieben, muss das Gericht entscheiden,

welcher Anteil am Gewinn der Markenrechtsverletzung konkret zuzumessen ist.

- Aufgrund dieser Schwierigkeiten hat sich in der Praxis die Schadensberechnung mittels der sogenannten Lizenzanalogie bewährt. Hierbei wird fiktiv eine Lizenz ermittelt, die der Produktfälscher dem Rechteinhaber unter marktüblichen Umständen für die Nutzung des Schutzrechts hätte zahlen müssen. Dass keine der beiden Parteien einen solchen Lizenzvertrag geschlossen hätte, ist dabei unerheblich. Vielmehr wird auf einen objektivierten Maßstab abgestellt. Als Anhaltspunkte für die Bemessung können Lizenzgebühren und -konditionen, die der Rechteinhaber tatsächlich mit Lizenznehmern abgeschlossen hat, ebenso herangezogen werden wie Lizenzempfehlungen von Branchenverbänden und Ähnliches. Die konkrete Bezifferung liegt dann im Ermessen des Gerichts und ist in der Praxis deutlich einfacher als die beiden vorgenannten Berechnungsmethoden. Dennoch kann zwischen den Parteien die Frage der konkreten Bezifferung umstritten sein.

Grundsätzlich kann der Rechteinhaber noch während des Prozesses zwischen den dargestellten Berechnungsmethoden entscheiden bzw. wechseln.

Sonstige Ansprüche

Außer den Ansprüchen auf Unterlassung und Beseitigung, Auskunft sowie Schadensersatz gibt es eine Reihe von Nebenansprüchen, die zwar in der Praxis eher selten geltend gemacht werden, aber in bestimmten Fällen dem Rechteinhaber wirksame Instrumente zur Durchsetzung seiner berechtigten Interessen sein können:

- Anspruch auf Rückruf bzw. Entfernung rechtsverletzender Erzeugnisse aus den Vertriebswegen
- Anspruch auf Überlassung von rechtsverletzenden Erzeugnissen und Vorrichtungen zu deren Herstellung
- Ansprüche auf Vorlage von Bank-, Finanz- oder Handelsunterlagen zur Sicherung von Schadensersatzansprüchen
- Anspruch auf Veröffentlichung des Urteils in Tageszeitungen oder Branchenveröffentlichungen auf Kosten des Produktfälschers

Allerdings kann man nicht jeden dieser Nebenansprüche vor Gericht bei Verletzung eines bestimmten Schutzrechts, wie einer Marke oder einem Patent, geltend machen und nicht immer liegen alle tatbestandlichen Voraussetzungen vor.

Verfahren und Beweismittel

Im Hauptsacheverfahren gilt der sogenannte Strengbeweis. Bloße Glaubhaftmachungen, die im Rahmen des eV-Verfahrens noch zulässig waren, sind hier nicht mehr ausreichend. Als Beweismittel stehen daher nur die fünf in der Zivilprozessordnung abschließend genannten Möglichkeiten zur Verfügung, nämlich:

- Sachverständiger
- Augenschein
- Parteieinvernahme
- Urkunde
- Zeuge

Als Merkhilfe gilt unter Juristen das aus den Wortanfängen gebildete Wort „SAPUZ".

Das Gericht ermittelt in Zivilverfahren – anders als im Strafverfahren – nicht selbst; es ist allein Sache der Prozessparteien, dem Gericht alle erforderlichen Tatsachen vorzutragen.

Der Zivilprozess unterscheidet zwischen Darlegungslast und Beweislast.

Darlegungslast bedeutet, dass jede Prozesspartei die ihr günstigen Tatsachen vortragen muss. Erhebt man etwa Ansprüche oder will sich dagegen wehren, muss man Tatsachen beschreiben, die vertragliche oder gesetzliche Grundlagen des Anspruchs erfüllen. In bestimmten Fällen ist der beklagte Rechtsverletzer dann durch die sogenannte sekundäre Darlegungslast dazu gezwungen, eine vom Rechteinhaber behauptete Tatsache substantiiert, das heißt möglichst konkret zu bestreiten, indem er die für das Gegenteil sprechenden Tatsachen vortragen muss.

Beweislast bedeutet vereinfacht gesagt, dass jede Partei die Tatsachen beweisen muss, die zum Tatbestand einer ihr günstigen Rechtsnorm gehören. Das Gesetz sieht in bestimmten Fällen eine sogenannte Beweislastumkehr vor, wodurch dann wiederum die gegnerische Partei beweisbelastet ist.

Ablauf des gerichtlichen Verfahrens

Abgesehen von der abweichenden Bezeichnung der Parteien (nun Kläger und Beklagter statt Antragsteller und -gegner im eV-Verfahren), unterscheiden sich die Anträge bezüglich der Beseitigungs- und Unterlassungsansprüche nicht von denen im eV-Verfahren. Zusätzlich kann der Rechteinhaber aber im Hauptsacheverfahren auch Anträge auf Auskunft und Schadensersatz stellen.

Anträge auf Auskunft werden nach dem gesetzlichen Wortlaut meist so formuliert, dass der Verletzer Angaben machen muss über:

- Namen und Anschrift der Hersteller
- Lieferanten und andere Vorbesitzer der Vervielfältigungsstücke oder sonstigen Erzeugnisse
- Nutzer der Dienstleistungen sowie gewerbliche Abnehmer und Verkaufsstellen, für die sie bestimmt waren
- die Menge der hergestellten, ausgelieferten, erhaltenen oder bestellten Vervielfältigungsstücke oder sonstigen Erzeugnisse
- die Preise, die für die betreffenden Vervielfältigungsstücke oder sonstigen Erzeugnisse bezahlt wurden

Anträge auf Schadensersatz sind – unabhängig von der Wahl der Berechnungsmethode – auf Geldzahlung gerichtet. Fehlen dem Kläger notwendige Informationen, um den Schadensersatz exakt beziffern zu können, kann er einen unbezifferten Schadensersatzantrag stellen und die konkrete Höhe des Schadensersatzes in das Ermessen des Gerichts stellen. Es kann aber auch sinnvoll sein, im Wege der sogenannten Stufenklage zunächst Auskunft vom Rechtsverletzer zu verlangen und erst in der zweiten Stufe der Klage den Schadensersatzanspruch konkret zu beziffern.

Mündliche Verhandlung

Das Gericht kann das schriftliche Vorverfahren anordnen oder einen frühen ersten Termin bestimmen. Im schriftlichen Vorverfahren tragen die Parteien dem Gericht alle Tatsachen und ihre rechtliche Einschätzung schriftlich vor. Das Gericht kann, falls erforderlich, zusätzlich Sachverständigengutachten einholen. Erst dann legt es einen Termin zur mündlichen Verhandlung fest.

Im frühen ersten Termin bestimmt das Gericht entweder unmittelbar nach Zustellung der Klage an den beklagten Rechtsverletzer oder spätestens nach dessen Klageerwiderung einen mündlichen Termin. Der Termin dient dazu, in diesem noch recht frühen Verfahrensstadium eine Verständigung der Parteien zu erzielen oder zumindest die problematischsten Streitpunkte herauszuarbeiten. Wird keine Einigung erzielt, findet eine mündliche Verhandlung statt, in deren Rahmen die Beweisaufnahme erfolgt.

Auch nach der mündlichen Verhandlung kann das Gericht einer oder beiden Parteien noch die Möglichkeit einräumen, erneut schriftlich vorzutragen (sog. Schriftsatzrecht).

Entscheidung

Es steht den Parteien eines Rechtsstreits frei, jederzeit eine gütliche Einigung zu erzielen, einen sogenannten Vergleich. Das Gericht ist nach der Zivilprozessordnung sogar gehalten, auf den Abschluss eines solchen Vergleichs hinzuwirken. Selbstverständlich liegt es aber ausschließlich im freien Ermessen jeder Partei, ob und, wenn ja, zu welchen Konditionen Vergleichsbereitschaft besteht. Motive für einen Vergleich können beispielsweise sein:

- die Beseitigung rechtlicher Ungewissheit bezüglich des gerichtlichen Verfahrensausgangs
- eine endgültige Verständigung mit der Gegenseite, die nicht durch Rechtsmittel in der nächsten Instanz angreifbar sein soll

Vor allem aber dient ein Vergleich häufig der schnellen Erledigung des Rechtsstreits.

Kommt zwischen den Parteien kein Vergleich zustande, entscheidet das Gericht durch Urteil. Das Urteil wird von Amts wegen beiden Parteien zugestellt; ein Tätigwerden des Klägers ist hier, anders als noch im eV-Verfahren, nicht mehr erforderlich.

Verfahrensdauer

Die Verfahrensdauer hängt von etlichen Faktoren ab, zum Beispiel davon, ob es erforderlich wird, Sachverständigengutachten einzuholen. Auch eine umfassende Beweisaufnahme mit mehreren

Verhandlungsterminen kann zu einer längeren Verfahrensdauer führen. Unterschiede gibt es aber bereits schlichtweg aufgrund des angerufenen Gerichts sowie des zugrunde liegenden Rechtsgebiets.

Insofern verbieten sich allzu pauschale Angaben. Erstinstanzlich dürfte jedoch eine Verfahrensdauer von sechs bis 18 Monaten die Regel sein.

Ablauf des Verfahrensabschlusses

Wenn keine Partei gegen das Urteil Rechtsmittel einlegt, sind Urteile einen Monat nach Zustellung rechtskräftig, spätestens dann kann aus dem Urteil auch vollstreckt werden.

Rechtsmittel (Berufung, Revision)

Unterliegt eine Partei in erster Instanz zumindest teilweise, kann sie binnen eines Monats Rechtsmittel gegen das Urteil einlegen. Bei der Berufung – dem in der Praxis häufigsten Rechtsmittel – erfolgt eine Überprüfung des erstinstanzlichen Urteils sowohl in rechtlicher als auch in tatsächlicher Hinsicht. Das Berufungsgericht überprüft das erstinstanzliche Urteil im Hinblick auf den Sachverhalt („tatsächlich"), aber auch, ob das erste Gericht rechtliche Fehler gemacht hat. In der Berufung können neue Beweismittel präsentiert werden, die die behaupteten Tatsachen untermauern sollen. Erforderlichenfalls führt das Berufungsgericht eine Beweisaufnahme durch und trifft eigene Tatsachenfeststellungen.

Mit der Revision, die vor dem Bundesgerichtshof – der letzten Instanz in Zivilverfahren – geführt wird, kann ein Berufungsurteil angegriffen werden. Anders als die Berufung kann die Revision jedoch nur auf einen Rechtsfehler des Urteils gestützt werden; daher werden keine Beweise vom Gericht erhoben.

Ebenfalls möglich, in der Praxis aber sehr selten, ist die sogenannte Sprungrevision, bei der die Berufungsinstanz übersprungen und gegen das erstinstanzliche Urteil Revision eingelegt wird.

Vollstreckung des Urteils

Ist das Urteil rechtskräftig, kann man die im Entscheidungsspruch („Tenor") der Entscheidung ausgesprochenen Folgen durchsetzen. Vorher ist dies nur unter bestimmten Voraussetzungen möglich und mit gewissen Risiken verbunden.

Kommt der Beklagte den Verpflichtungen aus dem Urteil nicht nach, kann der Kläger sie mit der Zwangsvollstreckung auf Kosten des Beklagten und gegen dessen Willen auch zwangsweise durchsetzen. Wenn der Beklagte beispielsweise gegen die Verpflichtung im Urteil verstößt, rechtsverletzende Fälschungen nicht mehr herzustellen und zu vertreiben, kann der Kläger ein Ordnungsgeld oder Ordnungshaft beim Gericht beantragen.

Fazit

Das Hauptsacheverfahren ist im Gegensatz zum eV-Verfahren nicht auf eine schnelle und dafür nur vorübergehende Sicherung der Rechte gerichtet. Vielmehr wird durch ein Hauptsacheurteil eine endgültige Entscheidung einer rechtlichen Auseinandersetzung herbeigeführt, mit der sämtliche für den Rechteinhaber relevanten Ansprüche durchgesetzt werden können. Angesichts der Verfahrensdauer sollte man dennoch stets die Möglichkeiten einer außergerichtlichen Einigung (ggf. nach einem eV-Verfahren) prüfen.

Vernichten und Berichten

Der Rechteinhaber stellt aufgrund zunehmender Konkurrenz und Transparenz immer öfter fest, dass andere sein Produkt nachahmen. Zur Abschreckung von Plagiatoren kann er auf zwei Ansprüche zurückgreifen:

Vernichtungsanspruch

Liegt ein Produkt vor, das unter Nutzung eines Patent-, Design-, Geschmacksmuster-, Urheberrechts oder unter Verletzung eines Betriebsgeheimnisses im wettbewerbsrechtlichen Sinne entstanden ist, besteht für den Rechteinhaber im Regelfall ein Anspruch darauf, die hergestellten Produkte auf Kosten des Verletzers vernichten zu lassen. Gleiches gilt für Geschäftsgeheimnisse, soweit sie jemand in Listenform etc. mitgenommen hat.

Der Vernichtungsanspruch besteht auch bei Zwischenprodukten, soweit der Verletzer sie ohne Verletzungshandlung nicht hätte herstellen können.

Beispiele:

- Ein Konkurrent erstellt unter Benutzung einer geheimen Formel ein Kaltgetränk und bringt es unter einem anderen Namen auf den Markt. Der Rechteinhaber kann Herausgabe verlangen und das Kaltgetränk auf Kosten des Verletzers vernichten lassen.
- Der Zoll beschlagnahmt auf einer Messe Plagiate. Der Rechteinhaber kann verlangen, dass der Zoll diese auf Kosten des Importeurs vernichtet.

Veröffentlichungsanspruch

Ein gutes Produkt zieht meist Nachahmer an. Abschreckend wirken kann zum Beispiel eine Veröffentlichung möglicher Vernichtungsaktionen oder eines gerichtlichen Verbots in einschlägigen Zeitungen oder dem Internet.

Publikumswirksame Vernichtung von Produkten, zum Beispiel mittels Überfahren durch eine Dampfwalze oder Verbrennen ist das eine. Nennen des Plagiators in der einschlägigen Fachpresse und der Kostenerstattungsanspruch für solche Aktionen ist das andere.

Erlaubt ist die auf Kosten des Plagiators in der Fachpresse veröffentlichte Mitteilung der Verletzungshandlung mit Namen des Verletzers, die im Hauptsacheverfahren direkt beantragt werden kann. Gerichte wägen dazu ab: Wie „schwer" sind die Verletzungshandlung, Art, Dauer und Intensität des Verstoßes und wären weniger einschneidende Beseitigungsmöglichkeiten als die Veröffentlichung mit Namen möglich gewesen?

Berichterstattung

Die Presse kann über Vernichtung von Plagiaten jederzeit Bericht erstatten. Ob sie dabei den Verletzer nennen darf, wenn er nicht eindeutig feststellbar ist, gegen ihn noch kein rechtskräftiges Urteil vorliegt oder das Gericht den Veröffentlichungsantrag abgewiesen hatte, ist unter Juristen umstritten.

Beispiel:

Der Verletzer hat ein Produkt auf den Markt gebracht, welches gegen ein Patent verstoßen hat, und damit an öffentlichen

Ausschreibungen teilgenommen. Eine Veröffentlichung in den Fachblättern zur Information möglicher Abnehmer ist erlaubt.

Praxis-Tipp:

Dokumentieren Sie Verstöße und deren Intensität, um eine Veröffentlichung des Verstoßes begründen zu können.

Stichwortverzeichnis

5

5

5

5